RATIONAL

NATURALLY
FAST FOOD

LEON

XCV 440T

LEON

LEON.

HUNDERT SALATE

JANE BAXTER & JOHN VINCENT

DUMONT

INHALT

EINLEITUNG

Das Schreiben dieses Buches hat uns großen Spaß bereitet und uns sehr glücklich gemacht. Wir haben LEON gegründet, weil wir es jedem ermöglichen wollen, gutes Essen zu genießen – indem wir natürliches Fast Food anbieten und unsere Rezepte und Ideen in Büchern wie diesem teilen.

FÜNF „PRINZIPIEN“ STEHEN HINTER LEON:

1.

DAS ESSEN MUSS FANTASTISCH SCHMECKEN.

2.

ES MUSS UNGLAUBLICH GUT FÜR SIE SEIN.

3.

SIE MÜSSEN SICH GUT FÜHLEN, NACHDEM SIE ES GEGESSEN HABEN.

4.

ES MUSS GUT FÜR UNSEREN PLANETEN SEIN.

5.

ES MUSS ERSCHWINGLICH SEIN.

Salate eignen sich hervorragend zur Verwirklichung dieser Ziele. Wir betrachten es als eine unserer Hauptaufgaben, Gemüse wohlschmeckend zuzubereiten.

Die Rezepte in diesem Buch sind so konzipiert, dass sie sowohl gut für uns als auch gut für unseren Planeten sind. Unser Körper hat Bedürfnisse (nicht, was Sie denken), und auch der große Körper namens Erde, auf dem wir leben, hat Bedürfnisse, von denen wir einige ganz schändlich ignorieren. Gemüse trägt eine Menge dazu bei, beide zu befriedigen.

GEMÜSE IST UNSERE ZUKUNFT

Gemüse versorgt uns mit natürlicher Energie, mit all den Ballaststoffen, Antioxidantien und anderen Nährstoffen, die wir benötigen, um unsere Verdauungsorgane bei Laune zu halten. Und das Olivenöl, das Sie über Ihren Salat träufeln, liefert nahezu für alle Stoffwechseltypen die guten Fette, die unser Körper braucht, um zu funktionieren und zu gedeihen.

Salate haben eine ganz besondere Power. Sie sehen toll aus und stehen für freudige Anlässe, zu denen wir alle zusammenkommen. Salate machen uns glücklich, weil man sich nach dem Essen toll fühlt. Sie sind gesund und schenken uns wertvolle Energie für den ganzen Tag, ohne ein zu ausgeprägtes Völlegefühl zu hinterlassen. Wenn es nach uns geht, sollten Salate zu einem wesentlichen Bestandteil Ihrer Ernährung werden. Uns jedenfalls versetzen sie in gute Stimmung, und wir glauben fest daran, dass es Ihnen auch so ergehen wird.

Also haben wir uns an die Arbeit gemacht, um ein Buch über Salate zu schreiben, das alle anderen in den Schatten stellt. Eigentlich brauchen Sie kein anderes Buch über Salate mehr. Jedes Rezept, das Sie hierin finden, ergibt eine vollwertige Mahlzeit. Klassiker. LEON-Klassiker. Und eine ganze Menge nigelnagelneuer aufregender Rezepte.

DAS BUCH

DAS BUCH IST IN FÜNF KAPITEL GEGLIEDERT.

1. KLASSIKER: Das sind die Salate, die Sie kennen und lieben und immer schon gerne machen wollten. Es sind vielleicht keine Klassiker im engen Sinne, da wir einigen einen kleinen LEON-Touch verpasst haben, aber Sie verspüren dabei sicher ein wenig Nostalgie.

2. NATÜRLICH SCHNELL: Die Zubereitung der Salate in diesem Kapitel nimmt höchstens 20 Minuten in Anspruch. Ob in Eile oder mit Muße zusammengestellt – diese Salate schmecken auf jeden Fall fantastisch und sättigen nachhaltig.

3. LUNCHBOX: Die Rezepte in diesem Abschnitt sind genau für eine Person gedacht. Sie sollen als kleine Auszeit in der Mittagspause dienen. Die hier vorgestellten Salate lassen sich gut am Abend vorher zubereiten und werden erst kurz vor dem Verzehr mit dem Dressing gemischt.

4. ESSEN FÜR FREUNDE: Diese Rezepte eignen sich ganz besonders gut für ein Abendessen. Die herausragenden Salate. Die „Warum zum Teufel schmeckt das sooo gut"-Salate. Das Geheimnis: Die Zubereitung ist nicht sehr schwierig, es bedarf jedoch einiger spezieller Zutaten.

5. ESSEN FÜR DIE FAMILIE: Hier geht es vor allem um das Mittagessen im Kreise der Familie und um üppige Salate für das Picknick in den Ferien. Reichhaltige Salate, die die Familienmeute begeistern.

SYMBOLSCHLÜSSEL

WF	GF	MF	V	VE
WEIZENFREI	GLUTENFREI	MILCHFREI	VEGETARISCH	VEGAN

SO GELINGT DER WELTBESTE SALAT: GESCHMACK, KONSISTENZ & AUFBAU

Dank der Vielfalt an Zutaten, die zum Einsatz kommen können, und der breiten Palette an Serviermöglichkeiten – heiß, kalt, in einem Glas oder auf einem Stäbchen – sind Salate geradezu ideal, um zu experimentieren und der Kreativität freien Lauf zu lassen. Der erste Salat, den eine rasche Suche auf Pinterest zutage förderte, war ein „Snickers-Karamell-Apfel-Salat" – Salat ist also tatsächlich das, was Sie daraus machen. Hier die drei Punkte, die Sie unserer Ansicht nach beachten sollten, wenn Sie Ihren eigenen Salat kreieren.

GESCHMACK: Ein ausgewogenes Gleichgewicht von Geschmacksrichtungen ist beim Kochen immer wichtig, besonders wenn Sie einen guten Salat konzipieren wollen. Salzige, süße, saure und bittere Aromen sollten harmonisch ineinandergreifen. Kosten Sie das Dressing und die Zutaten während der Zubereitung. Ihr Instinkt wird Ihnen sagen, ob es passt oder ob Sie nachwürzen sollten.

KONSISTENZ: Es ist wichtig, den Salat in seiner Gesamtheit zu betrachten. Versuchen Sie, die unterschiedlichsten Texturen zu integrieren – von knusprig über bissfest bis hin zu weich.

AUFBAU: Wenn Sie verschiedene gekochte Gemüsesorten kombinieren, dann wenden Sie am besten unterschiedliche Gartechniken an. Probieren Sie es mal mit einer Mischung aus Grillen, Braten, Dämpfen und Rohkost. Überlegen Sie auch, wie der Salat aussehen wird – die Augen essen bekanntlich mit – und ob es den Gesamteindruck verändert, wenn Sie die Gemüsesorten unterschiedlich schneiden.

IN DIESEM BUCH SIND ALLE SALATREZEPTE, DIE MAN KENNEN MUSS. ES IST FÜR MENSCHEN, DIE SALATE LIEBEN, UND FÜR ALL JENE, DIE DAS NUR NOCH NICHT WISSEN.

VORRATSKAMMER

Eine Liste mit all den schönen Dingen, die einem simplen Salat das gewisse Extra verleihen.

ESSIG

ROTWEINESSIG
BALSAMICO-ESSIG
EINFACHER WEISSWEINESSIG
BESONDERE SORTEN WIE CHAMPAGNER- ODER MUSKATELLERESSIG
REISWEINESSIG
APFELESSIG
SHERRY-ESSIG

NÜSSE & SAMEN

WALNÜSSE
MANDELN & RAUCHMANDELN
HASELNÜSSE
ERDNÜSSE
PISTAZIEN
KÜRBISKERNE
GOLDLEINSAMEN
SONNENBLUMENKERNE
SESAMKÖRNER: SCHWARZE & WEISSE

HÜLSENFRÜCHTE

SCHWARZE BOHNEN
BORLOTTI-BOHNEN
WEISSE BOHNEN
CANNELLINI-BOHNEN
PUY- ODER CASTELLUCCIO-LINSEN

ÖL

OLIVENÖL: LEICHTES VON GUTER QUALITÄT UND NATIVES OLIVENÖL EXTRA
WALNUSSÖL
RAPSÖL
SONNENBLUMENÖL
TRAUBENKERNÖL
KOKOSNUSSÖL
SESAMÖL

SÜSSES

ROSINEN
GETROCKNETE APRIKOSEN
GETROCKNETE CRANBERRYS
GETROCKNETE BIRNEN
GETROCKNETE FEIGEN
BRAUNER ZUCKER
FLÜSSIGER HONIG
AHORNSIRUP
DATTELSIRUP
GRANATAPFELSIRUP

TIEFGEFRORENES

ERBSEN
DICKE BOHNEN
EDAMAME
GRÜNE BOHNEN

ASIA-SPEZIALITÄTEN

MIRIN
TAMARINDENPASTE
GETROCKNETE GARNELEN
WASABIPASTE
FISCHSAUCE
KETJAP MANIS
KOKOSMILCH
WAKAME/GETROCKNETER SEETANG
PALMZUCKER
TAMARI/SOJASAUCE
KOKOSRASPEL
GARNELENPASTE/BELACHAN
IKAN BILIS/GETROCKNETE SARDELLEN

GETREIDE & CO

SCHWARZER REIS
BRAUNER JASMIN-REIS
LANGKORNREIS
FARRO
FREGOLA
BULGUR
QUINOA
ORZO
DITALINI
REISNUDELN
SCHWARZE REISNUDELN/SOBA
POLENTA
PERL-COUSCOUS
FREEKEH

GEWÜRZE

CAYENNE-PFEFFER
SUMACH
FENCHELSAAT
PIMENT
MUSKATNUSS
ZIMT
GETROCKNETER OREGANO
SAFRAN
KREUZKÜMMEL, GEMAHLEN & SAAT
KORIANDER, GEMAHLEN & SAAT
PAPRIKA, GERÄUCHERT & EDELSÜSS

AUSSERDEM

THUNFISCH AUS DER DOSE
GESALZENE KAPERN
SARDELLENFILETS
SENF: DIJON, ENGLISCHER SENF & GROBKÖRNIGER SENF
ENGLISCHES SENFPULVER
SAHNEMEERRETTICH
WORCESTERSHIRESAUCE
TOMATEN-KETCHUP
TABASCO/CHILISAUCE
GEWÜRZGURKEN
GEMÜSEMAIS
CHIPOTLE-SAUCE
PIQUILLO-PAPRIKAS
SCHWARZE & GRÜNE OLIVEN
MAISTORTILLAS

VORBEREITUNG IST ALLES

SALAT WASCHEN UND TROCKNEN – Ganz egal wie viel „fertig gewaschenen" Salat Sie kaufen, eine Extraspülung schadet nie. Kleinere Blätter waschen Sie am besten vorsichtig in einem Waschbecken voll kaltem Wasser. Blätter wenden und in einem Sieb abtropfen lassen. Portionsweise in einer Salatschleuder trocknen (nicht alle auf einmal hineingeben, das beschädigt die Blätter). Denken Sie daran, dass das Dressing nicht sonderlich gut haftet, wenn die Blätter nass sind.

DAS RICHTIGE WERKZEUG – Jeder Baumeister braucht ein gescheites Werkzeugset, und als Salat-Konstrukteur benötigen auch Sie das beste Werkzeug. Ein (richtig) scharfes Messer, ein guter Sparschäler, ein Mörser und ein Dampfgarer sind die Grundausstattung. Mit einem Spiralschneider, einer Küchenmaschine oder einem Stabmixer sowie einer Mandoline sind Ihre Salate im Handumdrehen fertig.

TELLER ODER SCHÜSSEL PRÄPARIEREN – Reiben Sie Ihre Salatschüssel mit einer Knoblauchzehe und etwas Olivenöl aus und streuen Sie etwas Salz und Pfeffer darüber, ehe Sie die Salatblätter mit dem Dressing hineingeben. Geschmacklich macht das einen Riesenunterschied.

VERMISCHEN – Nehmen Sie Ihre Hände – Menschen sind weitaus feinfühliger als Salatbesteck. Sie merken sofort, wenn ein Salatblatt noch kein Dressing abbekommen hat. Zum Servieren raten wir vom Einsatz der Hände allerdings eher ab.

EIN WORT ZUM DRESSING
Für die Dressings in diesem Buch finden Sie zwar Mengenangaben, es ist jedoch ratsam, das Dressing nach und nach zuzugeben, um zu entscheiden, wie viel Sie tatsächlich brauchen. Empfindliche Salate wie Feldsalat, Friséesalat und Rucola erst in letzter Minute anmachen und eher sparsam mit dem Dressing umgehen. Robusteren Sorten wie Grünkohl und Kohl macht es nichts, wenn sie schon früher fertig angerichtet werden. Bei gebratenem Wurzelgemüse und anderen gekochten Zutaten erzielen Sie ein besseres Endergebnis, wenn Sie das gegarte Gemüse noch heiß im Dressing wenden.

LEON LDN.
FROM FARMS
WE TRUST
PICHOT
50
DEPOSE

KLASSIKER

SALADE NIÇOISE

PORTIONEN: 2
VORBEREITUNGSZEIT: 15 MINUTEN • GARZEIT: 15 MINUTEN
WF • GF • MF

100 g **junge Kartoffeln**, gekocht und halbiert
150 g **Grüne Bohnen**, gekocht
2 **gekochte Eier**, in Spalten geschnitten
6 **Kirschtomaten**, halbiert
¼ **Gurke**, geschält, entkernt und gewürfelt
1 **Schalotte**, in Ringe geschnitten
50 g **Thunfisch aus der Dose**, mit der Gabel zerteilt
10 **schwarze Oliven**, bevorzugt Niçoise-Oliven
2 **Radieschen**, in Scheiben geschnitten
einige Blätter **frisches Basilikum**, zum Servieren
Salz und **frisch gemahlener schwarzer Pfeffer**

DRESSING:
Saft von 2 **Tomaten**, gesiebt
3 EL **Olivenöl**
1 EL **Rotweinessig**
1 TL **Kapern**
2 **Sardellenfilets**
½ **Knoblauchzehe**, zerdrückt
4 Blätter **frisches Basilikum**

Der Klassiker aus Nizza.

Für das Dressing alle Zutaten in einer Küchenmaschine oder mit dem Stabmixer zerkleinern. Notfalls können Sie dafür auch einen Mörser verwenden. Mit Salz und Pfeffer würzen.

Die Kartoffeln und Grünen Bohnen mit der Hälfte des Dressings in einer großen Schüssel vermengen. Würzen, dann die übrigen Zutaten vorsichtig unterheben und alles auf einer Servierplatte anrichten. Mit dem restlichen Dressing beträufeln und mit den grob gehackten Basilikumblättern bestreuen.

TIPP

Für uns sind 6–7 Minuten die perfekte Garzeit für zwei wachsweich gekochte Eier.

SALADE LYONNAISE

PORTIONEN: 2
VORBEREITUNGSZEIT: 5 MINUTEN • GARZEIT: 8 MINUTEN
WF • GF • MF (**GF** nur ohne Croûtons)

100 g **Speck-** oder **Pancettastreifen**
1 EL **Olivenöl**
1 EL **Rotweinessig**
1 **Schalotte**, fein gehackt
1 TL **Dijon-Senf**
2 EL **natives Olivenöl extra**
1 Schuss **Essig** (**Weißwein-** oder **Malzessig**)
2 **Eier**
100 g **Friséesalat** oder **Endivie**
Croûtons (optional, siehe Seite 214)

Die Wurzeln dieses Salates liegen in Lyon, nicht bei LEON. Die Dinge ändern sich.

Die Speckstreifen einige Minuten in Olivenöl in einer Pfanne anbraten, bis sie leicht gebräunt und knusprig sind. Mit einem Schaumlöffel herausheben und auf Küchenkrepp abtropfen lassen. Den Essig in die Pfanne geben und mit einem Holzlöffel eventuelle Bratrückstände lösen, dann Schalottenwürfel und Senf hinzufügen. Gut rühren und vom Herd nehmen. Das native Olivenöl extra unter das Dressing mischen.

Einen Topf mit Wasser und Essig zum Sieden bringen. Die Eier in das Wasser schlagen und etwa 3 Minuten vorsichtig pochieren, bis das Eiweiß stockt. Mit einem Schaumlöffel aus dem Topf heben und auf Küchenkrepp abtropfen lassen. Alternativ können Sie die Eier auch weich kochen und schälen.

Den Friséesalat mit dem Dressing und dem Speck vermischen. Auf zwei Teller verteilen und je ein pochiertes Ei daraufsetzen.

Für ein bisschen mehr Biss – und falls es nicht gluten- oder weizenfrei sein muss – mit Croûtons bestreuen.

TIPP

Die Eier zum Pochieren in kleine Auflaufförmchen schlagen und langsam ins siedende, zuvor kräftig umgerührte Wasser gleiten lassen.

KRABBENCOCKTAIL

PORTIONEN: 2
VORBEREITUNGSZEIT: 15 MINUTEN
WF • GF • MF (**GF** nur ohne Worcestershiresauce)

3–4 Zweige **Brunnenkresse**
1 **Little-Gem-Salat**, zerkleinert
½ große **Avocado**, gewürfelt
¼ **Gurke**, geschält und gewürfelt
4 **Frühlingszwiebeln**, fein gehackt
2 EL **Zitronensaft**
1 TL **frischer Schnittlauch** und **Dill**, gemischt, fein gehackt
150–200 g **gekochte Riesengarnelen**, geschält
1 **Radieschen**, in dünne Scheiben und dann in feine Stifte geschnitten
Salz und **Cayenne-Pfeffer**

DRESSING:
2 EL **Mayonnaise**
1 TL **Tomaten-Ketchup**
einige Spritzer **Chilisauce** oder **Tabasco**
1 Schuss **Brandy**
Meerrettich oder **Worcestershiresauce**, zum Abschmecken (optional)
Salz und **frisch gemahlener schwarzer Pfeffer**

Krabbencocktail und Disco prägten die 1970er-Jahre. Ideal für Familientreffen (Omas lieben ihn) oder eine Dinner-Party im Seventies-Style.

Die Zutaten auf beiden Tellern anrichten. Zunächst die Brunnenkresse, dann Little-Gem-Salat, Avocado, Gurke und Frühlingszwiebeln. Mit Zitronensaft beträufeln und mit der Hälfte der Kräuter bestreuen, dann mit Salz und Cayenne-Pfeffer würzen.

Den Salat mit den Garnelen belegen und erneut würzen.

Die Zutaten für das Dressing vermischen und über Salat und Riesengarnelen träufeln. Mit den restlichen Kräutern und den Radieschenstiften bestreuen.

TIPP

Je nach Belieben können Sie Meerrettich oder Worcestershiresauce hinzufügen. Jane hat es gerne würzig und nimmt gleich beides, um der Sache mehr Schwung zu verleihen.

LEON ORIGINAL
SUPERFOOD SALAD
LEON ORIGINAL
SUPERFOOD SALAD

DER ORIGINAL-SUPERFOOD-SALAT

PORTIONEN: 2

VORBEREITUNGSZEIT: 10 MINUTEN • GARZEIT: 5 MINUTEN

WF • GF • V

$^{2}/_{3}$ eines Kopfes **Brokkoli**, in mundgerechte Röschen zerteilt, die Stängel geschält und in Scheibchen geschnitten
120 g **Tiefkühlerbsen**, aufgetaut
¼ **Gurke**, in dünne Stifte geschnitten
100 g **Feta** von guter Qualität, zerkrümelt
2 EL **LEON-Röstkerne** (siehe Seite 215)
½ **Avocado**, in Stücke geschnitten
100 g **Quinoa**, gekocht und abgekühlt
1 kleine Handvoll **frische glatte Petersilie**, grob gehackt
1 kleine Handvoll **frische Minze**, grob gehackt
3 EL **französische Vinaigrette** (siehe Seite 216)

Diese Vitamin- und Nährstoffbombe findet sich seit 2004 auf unserer Karte. Es ist tatsächlich das Original – als wir den Salat vor der Eröffnung gegoogelt haben, konnten wir ihn nicht finden. Im Laufe der Jahre sind wir gewachsen und haben uns verändert, doch treue LEON-Jünger werden immer an diesem Salat festhalten.

Einen Stieltopf mit heißem Wasser (etwa 2 cm hoch) und einer Prise Salz aufsetzen. Den Deckel auflegen. Sobald das Wasser kocht, den Brokkoli hineingeben und den Deckel wieder schließen. Nach 3 Minuten den Brokkoli abgießen und unter kaltem Wasser abschrecken, damit er schön frisch und grün bleibt.

Den Salat schichtweise anrichten: Brokkoli, Erbsen, Gurke, Feta, Avocado, Quinoa und zum Abschluss die Kräuter und Kerne. Das Dressing erst kurz vor dem Servieren hinzufügen.

TIPP

Wir verwenden zwar keine Alfalfa-Sprossen mehr, sie machen sich jedoch fabelhaft auf dem Salat, falls Sie welche haben.

FATTOUSH

PORTIONEN: 2

VORBEREITUNGSZEIT: 15 MINUTEN • GARZEIT: 5 MINUTEN

MF • V • VE

1 kleines **Pita-Brot**
2 EL **Olivenöl**
1 Prise **Sumach**
1 **Little-Gem-Salat**, zerkleinert
½ **Gurke**, entkernt, grob geschält und in 1–2 cm große Würfel geschnitten
2 **Eiertomaten**, entkernt und gewürfelt
4 **Frühlingszwiebeln**, klein geschnitten
2 **Radieschen**, fein gehackt
1 EL **frische glatte Petersilie**, fein gehackt
1 EL **frische Minze**, fein gehackt
Salz und **frisch gemahlener schwarzer Pfeffer**

DRESSING:
2 EL **Zitronensaft**
3 EL **Olivenöl**
1 Prise **Sumach**
1 Prise **Piment**
1 Prise **Zimt**
Salz und **frisch gemahlener schwarzer Pfeffer**

Dieser orientalische Brotsalat zeichnet sich durch bunte Farben, Frische und ein bisschen Biss aus.

Das Pita-Brot im Toaster hellbraun toasten. Das Öl in einer kleinen Bratpfanne erhitzen, das Pita-Brot in ungefähr 2 cm große Stücke schneiden, mit Sumach bestreuen und unter gelegentlichem Wenden 2–3 Minuten im Öl anbraten, bis es knusprig ist.

Die übrigen Zutaten für den Salat in einer großen Schüssel vermengen und mit Salz und Pfeffer würzen.

Die Zutaten für das Dressing verquirlen und würzen.

Kurz vor dem Servieren den Salat mit dem Dressing vermischen und die Pita-Stückchen unterheben.

TIPP

Für diesen Salat kann auch anderes Gemüse verwendet werden – z. B. blanchierte Dicke Bohnen und fein gehobelter Fenchel mit einem Hauch geröstetem Kreuzkümmel im Dressing.

GRIECHISCHER SALAT

PORTIONEN: 2

VORBEREITUNGSZEIT: 20 MINUTEN • GARZEIT: 5 MINUTEN

V

½ **Gurke**, geschält und in Scheiben geschnitten
½ **rote Zwiebel**, in Ringe geschnitten
6 **Kirschtomaten**, halbiert
½ **grüne Paprika**, entkernt und in Ringe geschnitten
1 EL **frische glatte Petersilie**, fein gehackt
12 **schwarze Oliven**
100 g **Feta**
2 EL **Mehl**
1 **Ei**, verquirlt
2 EL **Panko-Paniermehl**
3 EL **Olivenöl**

DRESSING:
3 EL **Olivenöl**
1 EL **Rotweinessig**
1 **Knoblauchzehe**, zerdrückt
1 Prise **getrockneter Oregano**

In diesem Rezept haben wir den Feta zur Abwechslung mal paniert. Die Kombination aus warmem, weichem Käse mit knackigem Salat unterscheidet sich vom klassischen griechischen Salat. Wenn Ihnen die traditionelle Variante lieber ist, dann garnieren Sie einfach den fertig angemachten Salat mit dem in Scheiben geschnittenen Feta. Johns Freund Yannis in Meganisi gewidmet.

Alle Zutaten für das Dressing zusammenmischen.

Das Gemüse vorbereiten und zur Seite stellen.

Den Feta längs halbieren. Zuerst im Mehl, dann im Ei und schließlich im Paniermehl wenden. Einige Minuten bei mittlerer Hitze im Olivenöl anbraten, bis die Hülle schön braun ist. Aus der Pfanne nehmen und auf Küchenkrepp abtropfen lassen.

Den Salat mit dem Dressing mischen und auf einer Servierplatte anrichten. Den panierten Käse darauflegen.

TIPP

Anstelle von Feta können Sie den Salat auch mit gebackenen Halloumiwürfeln (siehe Seite 215) garnieren.

TABOULÉ

PORTIONEN: 2
VORBEREITUNGSZEIT: 20 MINUTEN (plus Zeit zum Einweichen)
MF • V • VE

50 g **Bulgur**
50 g **frische glatte Petersilie**, fein gehackt
20 g **frische Minze**, fein gehackt
100 g **Tomaten**, entkernt und gewürfelt
6 **Frühlingszwiebeln**, fein gehackt
2 EL **Zitronensaft**
3 EL **Olivenöl**
1 Prise **Piment**
1 Prise **Sumach**
Salz und **frisch gemahlener schwarzer Pfeffer**

Im Libanon, wo dieser Salat ursprünglich herkommt, wird am ersten Samstag im Juli der Tag des Taboulé gefeiert. Es ist eines der beliebtesten Gerichte im Nahen Osten und in unseren beiden Haushalten ebenfalls.

Den Bulgur in eine Schüssel geben und mit 100 ml kochendem Wasser übergießen. Sorgfältig mit Frischhaltefolie abdecken, 30 Minuten stehen lassen (oder so lange, bis der Bulgur aufgequollen ist), dann die Folie entfernen und abkühlen lassen.

Den abgekühlten Bulgur in eine große Schüssel geben und die übrigen Zutaten hinzufügen. Gut mischen und mit Salz und Pfeffer würzen.

TIPP

Wenn John mal keine Lust auf Gluten hat, macht er diesen Salat mit Quinoa.

WALDORFSALAT

PORTIONEN: 2

VORBEREITUNGSZEIT: 10 MINUTEN • GARZEIT: 10 MINUTEN

WF • GF • MF • V

50 g **Walnusskerne**
1 großzügige Prise **Cayenne-Pfeffer**
1 TL **Olivenöl**
2 Stangen **Staudensellerie**, längs geschnitten und gewürfelt
1 großer **roter Apfel**, entkernt und gewürfelt
20 **kernlose Trauben**, halbiert
4 **Frühlingszwiebeln**, fein gehackt
1 EL **frischer Schnittlauch**, fein gehackt
1 EL **frischer Estragon**, fein gehackt
2 EL **Mayonnaise**
2 EL **Zitronensaft**
Blätter von 1 **Little-Gem-Salat**
Salz und **frisch gemahlener schwarzer Pfeffer**

Auch wenn die Episode von „Fawlty Towers" auf etwas anderes schließen lässt, sind die Zutaten für diesen Salat sehr einfach aufzutreiben, zusammenzumischen und zu servieren. Um den Waldorfsalat in vollen Zügen zu genießen, muss man nicht im schicken Hotel in New York sein. Schaden kann das allerdings auch nicht.

Den Ofen auf 150 °C vorheizen.

Die Walnusskerne auf einem Backblech verteilen, mit Olivenöl besprenkeln sowie mit Cayenne-Pfeffer und Salz bestreuen. Gut durchmischen und im Ofen 10 Minuten rösten, dann abkühlen lassen.

Obst und Gemüse in ungefähr gleich große Stücke schneiden. In einer großen Schüssel mit den Kräutern, der Mayonnaise und den Nüssen vermischen. Mit Salz und Pfeffer würzen.

Auf den Salatblättern anrichten und servieren.

TIPP

Dieser Salat kann auch mit einem leichteren Kräuterdressing angemacht werden. Probieren Sie auch mal Joghurt anstatt Mayonnaise.

SOM TAM

PORTIONEN: 2
VORBEREITUNGSZEIT: 20 MINUTEN
WF • GF • MF

1 **Knoblauchzehe**
2 kleine **rote Thai-Chilis**, fein gehackt
1 EL **getrocknete Garnelen**
1 EL **Palmzucker** oder **brauner Zucker**
Saft von 1 **Limette**
1 EL **Fischsauce**
½ **grüne Papaya** oder **unreife Mango**, geschält und gehobelt (oder gerieben)
1 **Karotte**, geschält und gerieben
3 **Kirschtomaten**, geviertelt
50 g **Grüne Bohnen**, in 2 cm lange Stücke geschnitten
2 EL **geröstete Erdnüsse**, grob gehackt
¼ **Eisbergsalat**, grob gehackt

Für dieses Rezept brauchen Sie unreife Papayas. Wenn Sie diese nicht auftreiben können, probieren Sie es mit unreifen Mangos oder eine Kombination aus fein gehobeltem Weißkohl und Daikon-Rettich. Die „Unreife" der Früchte sorgt sowohl für Geschmack als auch für den nötigen Biss.

In einem Mörser Knoblauch, Chilis und getrocknete Garnelen zu einer Paste zerstoßen.

Zucker, Limettensaft und Fischsauce hinzufügen und gut vermischen. Das Geheimnis dieses Dressings ist ein gutes Gleichgewicht dieser drei Zutaten. Immer wieder abschmecken und nach Belieben mehr von jeder Zutat nehmen.

In einer großen Schüssel das Dressing mit den übrigen Zutaten (mit Ausnahme des Eisbergsalats) vermischen.

Den Eisbergsalat auf einer Servierplatte verteilen und den Som Tam darauf anrichten.

MELONENSALAT MIT RUCOLA & SCHINKEN

PORTIONEN: 2
VORBEREITUNGSZEIT: 5 MINUTEN
WF • GF • MF

½ **Cantaloupe-Melone**
4–6 Scheiben **Prosciutto**
1 Handvoll **Rucola**
Olivenöl
rohe **junge Erbsen** oder **Dicke Bohnen** (optional)

Die perfekte Mischung aus salzig, pfeffrig und frisch.

Die Melone schälen und das Fruchtfleisch mit einem Sparschäler in dünne Streifen schneiden. Den Prosciutto in Stücke zupfen und zusammen mit der Melone auf einer Servierplatte anrichten, dann den Rucola vorsichtig unterheben.

Mit Olivenöl beträufeln und gegebenenfalls mit Erbsen oder Bohnen bestreut servieren.

TIPP

Traditioneller wird es, wenn Sie die Melone in Spalten geschnitten anrichten.

RUSSISCHER SALAT

PORTIONEN: 2

VORBEREITUNGSZEIT: 15 MINUTEN • GARZEIT: 25 MINUTEN

WF • GF • MF • V (**V** nur ohne Sardellenfilets)

100 g **frische** oder **tiefgefrorene Erbsen**
100 g **Karotten**, geschält
150 g **festkochende Kartoffeln**, geschält
½ **rote Zwiebel**, fein gehackt
1 EL **Rotweinessig**
1 EL **frische glatte Petersilie**, grob gehackt
1 EL **frischer Estragon**, grob gehackt
100 g **Mayonnaise**
1 EL **Kapern**
natives Olivenöl extra
2 **Chicorée** (optional)
8 **Sardellenfilets** (optional)
Salz und **frisch gemahlener schwarzer Pfeffer**

Dieses Rezept stammt von Janes Freund Sylvain, Gründer des Root Camp, einer Kochschule für 14- bis 21-Jährige. Mit diesem Rezept konnten die Teenager ihre Fähigkeiten am Messer schulen.

Die Erbsen etwa 1 Minute in kochendem Wasser garen, bis sie weich sind. Aus dem Wasser schöpfen und zum Abkühlen zur Seite stellen. Karotten und Kartoffeln mit einem Teelöffel Salz in dasselbe Wasser geben und 15–25 Minuten kochen, bis das Gemüse beginnt, weich zu werden.

Karotten und Kartoffeln in 1 cm große Würfel schneiden. In einer großen Rührschüssel mit roten Zwiebeln, Erbsen, Essig und Kräutern mischen.

Mayonnaise, Kapern und einen guten Schuss Olivenöl hinzufügen. Alle Zutaten vorsichtig miteinander vermischen, dabei achtgeben, dass die Kartoffelwürfel nicht zerfallen. Mit Salz und Pfeffer würzen.

Zum Servieren den Salat mit den Chicoréeblättern anrichten. Nach Belieben auf jedes Salatblatt noch ein Sardellenfilet setzen.

MARCELLAS REISSALAT

PORTIONEN: 2
VORBEREITUNGSZEIT: 10 MINUTEN • GARZEIT: 30 MINUTEN
WF • GF • MF • V • VE

50 g **Rosinen**
125 g **brauner Jasmin-Reis** oder **Vollkornreismischung**
50 g **getrocknete Feigen**, grob gehackt
50 g ganze **blanchierte Mandeln**, geröstet
2 EL **frischer Koriander**, fein gehackt
2 EL **frische Minze**, fein gehackt
1 TL **Granatapfelsirup**
1 Prise **Cayenne-Pfeffer**
2 EL **Olivenöl**, zum Servieren
1 großzügige Prise **Sumach**, zum Servieren
Kerne von ½ **Granatapfel**, zum Servieren
Salz und **frisch gemahlener schwarzer Pfeffer**

John aß diesen Salat zum ersten Mal auf Ibiza und war absolut begeistert.

Die Rosinen mit heißem Wasser bedecken, damit sie sich mit Flüssigkeit vollsaugen.

Den Reis 30 Minuten in 250 ml siedendem Wasser oder entsprechend der Packungsanleitung bissfest garen. Gut abtropfen und abkühlen lassen.

In einer großen Schüssel den Reis mit den Rosinen und den übrigen Zutaten vermischen. Mit Salz und Pfeffer würzen. Etwas Olivenöl darüberträufeln und mit einer Prise Sumach und den Granatapfelkernen servieren.

TIPP

Auch andere Trockenfrüchte wie Aprikosen oder Datteln machen sich hervorragend in diesem Salat.

CAESAR SALAD

PORTIONEN: 2
VORBEREITUNGSZEIT: 10 MINUTEN

1 großer **Romana-Salat** oder 2 kleine
2–3 EL **Caesar-Dressing** (siehe Seite 219)
1 Handvoll **Croûtons** (siehe Seite 214)
2 EL **Parmesan**, fein gerieben
1 EL **frischer Schnittlauch**, fein gehackt

Das ist der Lieblingssalat von Johns Töchtern Natasha und Eleanor und fester Bestandteil des Samstagabendprogramms. Bei unserer Variante wird der Romana-Salat nicht klein geschnitten und ist daher ein besonders knackiges Vergnügen.

Den Salat in dicke Spalten schneiden und mit dem Dressing beträufeln. Mit Croûtons, Parmesan und Schnittlauch bestreuen.

TIPP

Auch gegrilltes Hühnchen, Speck, Garnelen, Shiitake-Pilze oder pochierte Eier passen dazu.

PYREX

COBB SALAD

PORTIONEN: 2
VORBEREITUNGSZEIT: 20 MINUTEN • GARZEIT: 7 MINUTEN
WF • GF

60 g **Speckstreifen**
1 EL **Olivenöl**
1 **gekochte Hühnerbrust**
2 **gekochte Eier**
1 **Avocado**
2 **Eiertomaten**
70 g **Blauschimmelkäse**
2 **Äpfel**
½ **Romana-Salat**

DRESSING:
1 EL **Rotweinessig**
3 EL **Olivenöl**
1 TL **Honig**
1 Schuss **Worcestershiresauce**
Salz und **frisch gemahlener schwarzer Pfeffer**

Die wichtigste Regel für diesen Salat lautet, alles in gleich große Würfel zu schneiden, die man mit einem Löffel essen kann. Die Zutaten lassen sich natürlich ganz nach Lust und Laune ergänzen oder austauschen.

In einer Bratpfanne den Speck einige Minuten in Olivenöl anbraten, bis er leicht braun und knusprig ist. Mit einem Schaumlöffel auf Küchenkrepp heben.

Alle Zutaten für das Dressing zusammenmischen.

Sämtliche Salatzutaten in 1–2 cm große Würfel schneiden.

Den Romana-Salat in etwas Dressing wenden und auf einer Servierplatte verteilen. Die Zutaten getrennt um den Romana-Salat anrichten und mit dem restlichen Dressing beträufeln.

TIPP

Das Ranch-Dressing (siehe Seite 216) schmeckt ebenfalls gut zu diesem Salat.

DREIERLEI MOZZARELLA

PFIRSICH & PROSCIUTTO

PORTIONEN: 2
VORBEREITUNGSZEIT: 5 MINUTEN
GARZEIT: 5 MINUTEN
WF • GF

2 **Pfirsiche**
125 g **Mozzarella**, in Scheiben geschnitten oder zerpflückt
70 g **Rucola**
2 Scheiben **Prosciutto**, zerzupft

DRESSING:
1 EL **frisches Basilikum**, zerzupft
1 EL **frische Minze**, fein gehackt
2 TL **Balsamico-Essig**
2 EL **Olivenöl**
Salz und **frisch gemahlener schwarzer Pfeffer**

Wäre der Sommer ein Salat, dann wäre er wohl dieser. Frisch, frech, fruchtig. Es schadet auch nichts, der Zutatenliste ein kühles Glas Weißwein hinzuzufügen. (Für alle wortwörtlichen Rezept-Leser: Wir meinen nicht, dass Sie den Wein auf den Teller leeren sollen!)

Eine Grillpfanne erhitzen. Die Pfirsiche halbieren und die Kerne entfernen. Mit der Schnittseite nach unten in die heiße Pfanne setzen und 2 Minuten braten, bis sie ein Streifenmuster aufweisen. Wenden und noch einmal genauso verfahren. Die Pfirsiche aus der Pfanne nehmen und zur Seite stellen. Alle Zutaten für das Dressing vermischen. Die Pfirsiche in Stücke schneiden und mit Mozzarella, Rucola und Prosciutto auf einer Servierplatte anrichten. Mit dem Dressing beträufeln.

FENCHEL, ESTRAGON & BOTTARGA

PORTIONEN: 2
VORBEREITUNGSZEIT: 10 MINUTEN
WF • GF • V (ohne Bottarga)

2 Stangen **Staudensellerie**, in dünne Scheibchen geschnitten
1 **Fenchelknolle**, geputzt und gehobelt
1 TL **Fenchelsaat**, grob gemahlen
2 TL **frischer Estragon**, fein gehackt
2 TL **gesalzene Kapern**, abgespült und grob gehackt
2 EL **Olivenöl**
150 g **Mozzarella**
Bottarga, gerieben (optional)
natives Olivenöl extra
Salz und **frisch gemahlener schwarzer Pfeffer**

Im 11. Jahrhundert meinte ein Mann namens Simon Seth, dass Bottarga „komplett vermieden" werden sollte. Da müssen wir widersprechen. Bottarga schmeckt auch alleine mit Mozzarella ganz hervorragend.

Das geschnittene und gehobelte Gemüse auf einem Teller anrichten. Fenchelsaat, Estragon, Kapern und Öl miteinander vermischen. Mit Salz und Pfeffer würzen und über Fenchel und Sellerie verteilen. Den Mozzarella darauf arrangieren und (nach Belieben) mit reichlich darüber geriebener Bottarga und einem Extra-Spritzer nativem Olivenöl extra verfeinern.

TOMATEN & BASILIKUM

PORTIONEN: 2
VORBEREITUNGSZEIT: 5 MINUTEN
WF • GF • V

200 g gute **Tomaten**, entkernt und in dünne Scheiben geschnitten
1 kleine **Schalotte**, in feine Ringe geschnitten
½ **Knoblauchzehe**, mit Salz zu einer Paste verrieben
frische Basilikumblätter
3 EL **Olivenöl**
1 EL **Rotweinessig**
125 g **Mozzarella**
Salz

Dieses italienische Juwel ist auch unter dem Namen Caprese bekannt (benannt nach der Insel Capri, wo John einst auf einem Schulausflug Katie Ferryman küsste). Manche halten es für eine patriotische Erfindung, die die Farben der italienischen Flagge repräsentiert. Auf jeden Fall entführt es Sie schneller ans Mittelmeer als Ryanair. Und das ganz ohne Verspätung.

Tomaten, Schalotte, Knoblauchpaste, Basilikumblätter, Öl und Essig vermischen. Mit Salz abschmecken. Den Mozzarella darauf platzieren und entweder so servieren oder durchmischen. Unverzüglich verspeisen.

CLUB-KLASSIKER MIT GEGRILLTEM HÄHNCHEN & CHORIZO

PORTIONEN: 2

VORBEREITUNGSZEIT: 10 MINUTEN

WF • GF

100 g **gemischte Salatblätter** (wir nehmen eine Kombination aus Baby-Spinat, Romana-Salat und Rucola)
100 g **Tiefkühlerbsen**, aufgetaut
100 g **Quinoa**, gekocht und abgekühlt
2–3 **gegrillte Hühnerkeulen**
50 g **Chorizo**, in Scheiben geschnitten
1 **Piquillo-Paprika**, in Streifen geschnitten
1 EL **Aioli** oder **Knoblauchmayonnaise**
3 EL **französische Vinaigrette** (siehe Seite 216)

Hier einer unserer Verkaufsschlager. Wir kombinieren die Club-Toppings außerdem gerne mit unserer Reis-Box, was Sie zu Hause ganz einfach mit etwas braunem Reis und LEONs Coleslaw (siehe Seite 194) nachmachen können. Willkommen im Club. Hauen Sie rein.

Den Salat in Schichten anrichten – angefangen mit Salatblättern, Erbsen und Quinoa, gefolgt vom Rest.

TIPP

Gegrillte Hähnchenkeulen bekommen Sie an der Frischetheke vieler Supermärkte, oder Sie nehmen stattdessen die Hühnerbrüste des Piri-Piri-Hühnchens (siehe Seite 181).

LEON
CLUB

NATÜRLICH SCHNELL

SCHNIPPELSALAT

PORTIONEN: 2
VORBEREITUNGSZEIT: 20 MINUTEN • GARZEIT: 10 MINUTEN
WF • GF • V

3 **Pastinaken**, geschält
2 EL **Olivenöl**
1 Prise **Safran**
1 Stange **Lauch**, geputzt und in dünne Ringe geschnitten
1 **roter Apfel**, entkernt und gewürfelt
30 g **Walnüsse**, geröstet und grob gehackt
1 EL **frischer Schnittlauch**, fein gehackt
50 g **Brunnenkresse**
Salz und **frisch gemahlener schwarzer Pfeffer**

DRESSING:
200 g **Naturjoghurt**
1 EL **Walnussöl**
2 TL **Ahornsirup**
1 Prise **Zimt**
1 Prise **Kreuzkümmel**
2 EL **Zitronensaft**

Zum Bauchvollschlagen, wenn der Herbst anbricht.

Die Pastinaken mit einem Sparschäler in lange Streifen schneiden. In einer großen Pfanne das Olivenöl zusammen mit dem Safran erhitzen. Die Pastinakenstreifen darin einige Minuten unter ständigem Rühren anbraten. Die Temperatur reduzieren, einen Deckel auflegen und 5 Minuten garen lassen. Mit Salz und Pfeffer würzen und in eine große Schüssel geben. Den in Ringe geschnittenen Lauch hinzufügen und alles vermischen – der Lauch muss übrigens nicht zusätzlich gedünstet werden. Abkühlen lassen.

Die restlichen Zutaten, mit Ausnahme der Brunnenkresse, zu den Pastinaken und dem Lauch geben.

Die Zutaten für das Dressing verquirlen und unter den Salat heben. Mit Salz und Pfeffer würzen.

Die Brunnenkresse auf einem Servierteller verteilen und den Salat darauf anrichten.

TIPP

Anstelle des Walnussöls eignet sich auch jedes andere Nussöl.

BOHNEN-QUINOA-SALAT

PORTIONEN: 2
VORBEREITUNGSZEIT: 10 MINUTEN
WF • GF • MF • V • VE

100 g **Quinoa**, gekocht und abgekühlt
150 g **Edamame-Bohnen**, gekocht
250 g **Mischung** aus **gekochten Erbsen**, zerkleinerten **rohen Zuckerschoten**, halbierten **Dicken Bohnen** und klein geschnittenen **Grünen Bohnen**
Salz und **frisch gemahlener schwarzer Pfeffer**

DRESSING:
1 **Knoblauchzehe**, zerdrückt
1 EL **Weißweinessig**
1 TL **Ahornsirup**
3 EL **Olivenöl**
2 EL **gemischte frische Kräuter**, fein gehackt: **Estragon**, **Schnittlauch**, **Kerbel** und **Basilikum**

Frisch und schnell.

In einer Schüssel Quinoa, Bohnen und Erbsen mischen und mit Salz und Pfeffer würzen.

Die Zutaten für das Dressing vermischen und unter den Salat heben.

TIPP
Für diesen Salat eignen sich auch andere Dressings, z. B. das LEON-Tamari-Sesam-Dressing oder das Orientalische Dressing (siehe Seite 216).

WASSERMELONENSALAT MIT FETA

PORTIONEN: 2
VORBEREITUNGSZEIT: 10 MINUTEN
WF • GF • V

400 g **Wassermelone**, in 3–4 cm große Stücke geschnitten
2 EL **eingelegte rote Zwiebeln** (siehe Seite 218)
60 g **Feta**, zerkrümelt
2 EL **geröstete Kürbiskerne**
10 **schwarze Oliven**
2 EL **frische Minze**, zerzupft
50 g **Rucola**
Salz und **frisch gemahlener schwarzer Pfeffer**
natives Olivenöl extra, zum Servieren

Ein sehr erwachsener Obstsalat. Wird am besten draußen in der Sonne genossen, mit einem Hawaii-Hemd und einem Glas Rosé. Dieser hier ist für Glenn, Operations Director bei LEON.

Alle Zutaten auf einer Servierplatte anrichten. Mit Salz und Pfeffer würzen und mit dem Olivenöl beträufeln.

TIPP

Geröstete Kürbiskerne selber machen ist ganz simpel. Einfach so lange in einer trockenen Pfanne rösten, bis die Schale aufplatzt.

FAGIOLI E TONNO

PORTIONEN: 2
VORBEREITUNGSZEIT: 10 MINUTEN
WF • GF • MF

250 g **Cannellini-Bohnen**, gekocht und gut abgetropft
120 g **Thunfisch aus der Dose**, abgetropft
1 **rote Zwiebel**, fein gehackt
2 **Knoblauchzehen**, zerdrückt
1 EL **Rotweinessig**
2 EL **Olivenöl**
2 EL **frische glatte Petersilie**, grob gehackt, plus einige Blätter mehr zum Garnieren
2 Stangen **Staudensellerie**, fein gehackt
Salz und **frisch gemahlener schwarzer Pfeffer**

Ein einfacher Bohnen-Thunfisch-Salat auf LEON-Art. Irgendwie ganz schön exotisch. Wenn Sie gekochte Trockenbohnen verwenden, wird das Ergebnis noch besser. In der Eile tun es aber auch abgetropfte und abgespülte Bohnen aus der Dose. Mit der Angel gefangener Thunfisch ist im Übrigen die moralisch vertretbarste Option. Rettet die Delfine!

Alle Zutaten miteinander vermischen und mit Salz und Pfeffer würzen. Mit etwas Extra-Petersilie bestreuen.

TIPP

SO KOCHEN SIE GETROCKNETE CANNELLINI-BOHNEN:

- Über Nacht in reichlich kaltem Wasser einweichen.
- Gut abtropfen lassen, dann in einen Topf geben und mit frischem Wasser bedecken. Einige ganze Knoblauchzehen, einen Zweig Rosmarin und ein paar Cocktailtomaten dazugeben.
- Zum Kochen bringen, dann ca. 1 Stunde köcheln lassen, bis die Bohnen weich sind. Abtropfen lassen, mit Salz und Pfeffer würzen und Olivenöl untermischen.

REISNUDELSALAT MIT HÜHNCHEN

PORTIONEN: 2

VORBEREITUNGSZEIT: 10 MINUTEN • GARZEIT: 5 MINUTEN

WF • GF • MF

50 g **Reisnudeln**
1 **Hühnerbrust**, gekocht und zerzupft
1 **Karotte**, gerieben
6 **Frühlingszwiebeln**, fein gehackt
¼ **Gurke**, in Stifte geschnitten
¼ **Chinakohl**, klein geschnitten
1 EL **frischer Koriander**, **frische Minze** und **frisches Basilikum**, gemischt, fein gehackt
1 EL **schwarze Sesamkörner**

DRESSING:
1 **rote Chilischote**, fein gehackt
1 **Knoblauchzehe**, zerdrückt
2 EL **Limettensaft**
2 EL **Fischsauce**
2 EL **Rapsöl**
1 EL **Palmzucker**

Dieses würzige Dressing ist so gut, dass Sie wahrscheinlich die Schüssel auslecken wollen. Das ist für dich, Lob.

Die Reisnudeln nach Packungsanleitung kochen. Unter kaltem Wasser abschrecken und gut abtropfen lassen. Die Nudeln grob in 4–5 cm lange Stücke schneiden. In eine große Schüssel geben.

Die restlichen Zutaten zu den Nudeln geben. Die Zutaten für das Dressing verrühren und ebenfalls in die Schüssel füllen. Alles gut vermischen und nach Belieben mit Salz und Pfeffer nachwürzen.

TIPP

Anstelle des Hühnchens können Sie auch gebratenen Tofu verwenden. Für ein komplett vegetarisches Gericht die Fischsauce durch 1 TL Tamarindenpaste ersetzen.

TEMPEH & GERÖSTETE TORTILLAS

PORTIONEN: 2
VORBEREITUNGSZEIT: 15 MINUTEN • GARZEIT: 10 MINUTEN
MF • V • VE

60 g **Tempeh**, klein geschnitten
120 g **schwarze Bohnen** aus der Dose, abgetropft
100 g **Edamame-Bohnen**, gekocht
Körner von 1 **gekochten Maiskolben**
½ **Avocado**, gewürfelt
½ **orange** oder **rote Paprika**, gewürfelt
2 **Maistortillas**
Salz und **frisch gemahlener schwarzer Pfeffer**

DRESSING:
3 EL **Olivenöl**
1 EL **Limettensaft**
1 **rote Chilischote**, fein gehackt
1 **Knoblauchzehe**, zerdrückt
2 EL **frischer Koriander**, fein gehackt

Tempeh, fermentiertes Soja, ist ein nahrhafter Eiweißlieferant und außerdem leicht verdaulich. Es ist ein hervorragender Geschmacksträger und eine willkommene Abwechslung zu Tofu.

Den Ofen auf 160 °C vorheizen.

In einer großen Schüssel alle Zutaten für den Salat, mit Ausnahme der Tortillas, mischen.

Die Tortillas in dünne Streifen schneiden. Im Ofen ca. 10 Minuten goldbraun und knusprig rösten. Aus dem Ofen nehmen und zur Seite stellen.

Während die Tortillas rösten, die Zutaten für das Dressing verrühren und zum Salat geben. Mit Salz und Pfeffer würzen und mit den knusprigen Tortillastreifen bestreut servieren.

TIPP

Für den frischen Mais den Kolben 10 Minuten lang kochen, dann die Körner herunterschneiden. Alternativ können Sie auch Mais aus der Dose verwenden. Wenn Sie das Tempeh warm bevorzugen, geben Sie es zu den Tortillas in den Ofen.

KRABBENSALAT MIT GRAPEFRUIT

PORTIONEN: 2
VORBEREITUNGSZEIT: 15 MINUTEN
MF

150 g **weißes Krabbenfleisch**
1 EL **Olivenöl**
1 EL **Zitronensaft**
Cayenne-Pfeffer
1 **rosa Grapefruit**, filetiert
1 **Avocado**, gewürfelt
50 g **Brunnenkresse**
1 EL **frischer Schnittlauch**, fein gehackt
Salz und **frisch gemahlener schwarzer Pfeffer**

DRESSING:
2 EL **Mayonnaise**
4 **Frühlingszwiebeln**, nur das Grüne, fein gehackt
1 Stück **Ingwer** (1–2 cm), geschält und fein gerieben
1 TL **Sojasauce**
1 TL **Reisessig**

John möchte dieses Rezept gerne Katie widmen – als Entschuldigung dafür, dass er seinen Ehering in der Sandburg des Crab Shack in St. Brelade's Bay, Jersey, verloren hat. Und den Pennys, die dabei geholfen haben, ihn wiederzufinden.

Das Krabbenfleisch mit Öl, Zitrone, Salz und Cayenne-Pfeffer würzen.

Die Krabben zusammen mit den anderen Zutaten für den Salat auf einem Servierteller anrichten.

Für das Dressing die Mayonnaise mit Frühlingszwiebeln, Ingwer, Sojasauce und Essig mischen. Mit Salz und Pfeffer würzen und zum Salat servieren.

TIPP
Wenn Sie möchten, fügen Sie dem Dressing etwas braunes Krabbenfleisch hinzu.

ZUCCHININUDELN MIT PESTO TRAPANESE & RICOTTA

PORTIONEN: 2

VORBEREITUNGSZEIT: 15 MINUTEN • GARZEIT: 2 MINUTEN

WF • GF • V

3 **Zucchini**
1 EL **Olivenöl**
Salz und **frisch gemahlener schwarzer Pfeffer**
2 EL **Ricotta salata**, gerieben, zum Servieren

PESTO:
2 **Knoblauchzehen**, zerdrückt
50 g **Mandelblättchen**, geröstet
1 kleines Bund **frisches Basilikum**
3 EL **Olivenöl**
200 g **Tomaten**, enthäutet und klein geschnitten
2 EL **Pecorino**, gerieben
Salz und **frisch gemahlener schwarzer Pfeffer**

Das sizilianische Pesto ist unverschämt gut. Wenn Sie keinen Spiralschneider zur Hand haben, nehmen Sie einfach einen Sparschäler.

Mit einem Spiralschneider die Zucchini zu langen Nudeln verarbeiten. Das Öl in einer großen Pfanne erhitzen und die Zucchininudeln darin 1 Minute lang schwenken. Mit Salz und Pfeffer würzen und in eine große Schüssel geben.

Aus Knoblauch, Mandeln, Basilikum und Olivenöl im Mörser oder in der Küchenmaschine eine Paste herstellen. Die Tomaten hinzufügen und ein wenig zerdrücken, damit sie sich mit der Paste verbinden. Den Pecorino unterrühren und mit Salz und Pfeffer würzen.

Die Zucchinistreifen mit dem Pesto vermischen und mit dem geriebenen Ricotta salata bestreuen.

TIPP

Anstelle des Ricotta salata können Sie auch Feta nehmen.

SALAT MIT NORDSEEKRABBEN & ROSA PFEFFER

PORTIONEN: 2

VORBEREITUNGSZEIT: 15 MINUTEN (plus Zeit zum Einsalzen) • **GARZEIT: 5 MINUTEN**

WF • GF • MF

¼ **Gurke**, in dünne Scheiben geschnitten
2 Stangen **Lauch**, in Ringe geschnitten
100 g **Nordseekrabben**
Muskat, fein gerieben
1 Prise **Cayenne-Pfeffer**
1 **gekochtes Ei**
2 **Radieschen**, fein gehackt
1 EL **frischer Dill**, fein gehackt
2 TL **rosa Pfefferkörner**
½ **Knoblauchzehe**, zerdrückt
2 EL **Olivenöl**
1 EL **Zitronensaft**
Salz

Wir beide lieben diesen Salat – Abwandlungen davon haben einen Stammplatz bei uns zu Hause auf dem Speiseplan. Jane bereitet den Salat gerne als Teil einer Antipastiplatte zu, John machte ihn kürzlich in einer kleinen Kombüse auf einem Boot in Cowes. Weil die Läden schon geschlossen hatten, musste er ein paar Krebse dazugeben. Hat aber ebenfalls ganz gut funktioniert.

Die Gurkenscheiben mit etwas Salz bestreuen, vermischen und 15 Minuten in einem Sieb stehen lassen.

Den Lauch ca. 5 Minuten garen, bis er gerade durch ist. Würzen und abkühlen lassen. Die gesalzenen Gurken auf einem Teller auslegen, darauf den Lauch und die Garnelen anrichten. Mit reichlich geriebener Muskatnuss, Cayenne-Pfeffer und Salz würzen. Das Ei darüberreiben und mit Radieschen und Dill bestreuen.

Die rosa Pfefferkörner und den Knoblauch in einem Mörser zerstoßen. Das Olivenöl und den Zitronensaft hinzufügen, gut verrühren und über dem Salat verteilen.

TIPP

Rosa Pfeffer ist gar kein echter Pfeffer. Es sind getrocknete Beeren mit einem feinen Pfeffergeschmack. Alternativ können Sie zu schwarzem Pfeffer greifen. Durch das Salzen der Gurken tritt Flüssigkeit aus – so ersparen Sie sich ein durchweichtes, wässriges Desaster.

SPITZKOHL, PROSCIUTTO & PARMESAN

PORTIONEN: 2
VORBEREITUNGSZEIT: 10 MINUTEN
WF • GF

¼ **Spitzkohl**, zerkleinert
1 **Fenchelknolle**, gehobelt
4 dünne Scheiben **Prosciutto**, grob zerteilt
30 g **Parmesan**, gehobelt, plus ein wenig extra zum Servieren
2 EL guter **Balsamico-Essig**
2 EL **Olivenöl**
Salz und **frisch gemahlener schwarzer Pfeffer**

Ein Salat, der von Natur aus schnell zubereitet ist. Einfach zusammenmischen.

Alles in einer großen Schüssel vermischen und mit Salz und Pfeffer würzen.

TIPP

Für knackigen, hauchdünnen Fenchel diesen mit einer Mandoline reiben und bis zur Verwendung in Eiswasser legen.

SALAT IN GRÜN MIT EIERN & EISBEIN

PORTIONEN: 2
VORBEREITUNGSZEIT: 15 MINUTEN • GARZEIT: 5 MINUTEN
WF • GF • MF

200 g **Knollensellerie**, in dünne Stifte geschnitten
1 **Apfel**, entkernt und gewürfelt
2 EL **Senf-Mayonnaise** (siehe Seite 218)
1 EL **frischer Estragon**, **Schnittlauch** und **frische Petersilie**, gemischt, fein gehackt
1 EL **Kapern**, fein gehackt
1 EL **Gewürzgurken**, klein geschnitten
1 **Knoblauchzehe**, zerdrückt
1 **Schalotte**, fein gehackt
ca. 120 g **Eisbein** von guter Qualität, grob zerteilt
2 **gekochte Eier**, geviertelt
50 g **Feldsalat** oder **Portulak**
Salz und **frisch gemahlener schwarzer Pfeffer**

Sie können auch rote Äpfel verwenden. Es klingt so nur einfach viel besser.

Alle Zutaten, mit Ausnahme von Fleisch, Eiern und Blattsalat, in einer großen Schüssel vermischen und mit Salz und Pfeffer würzen.

Den angemachten Salat auf einer Servierplatte mit dem Eisbein, den hart gekochten Eiern und dem Feldsalat hübsch anrichten.

\\\\ TIPP ////

Anstelle der Schweinshaxe können Sie auch einen guten gekochten Schinken verwenden.

ORIENTALISCH GEWÜRZTE QUINOA

PORTIONEN: 2
VORBEREITUNGSZEIT: 10 MINUTEN
WF • GF • MF • V • VE

200 g **Quinoa**, gekocht und abgekühlt
1 **Karotte**, gerieben
1 **Avocado**, gewürfelt
100 g **Edamame-Bohnen**, gekocht
2 EL **Pistazien**, grob gehackt
6 **getrocknete Aprikosen**, klein geschnitten
Salz und **frisch gemahlener schwarzer Pfeffer**

DRESSING:
3 EL **Olivenöl**
1 EL **Granatapfelsirup**
1 EL **Zitronensaft**
1 Prise **Sumach**
1 EL **frischer Dill** und **frische Minze**, gemischt, fein gehackt

Ein schlichter, dennoch reichhaltiger Salat. Bereiten Sie gleich die doppelte Menge für die Mittagspause zu – die Kollegen werden sich neidvoll um Ihre Schüssel scharen.

Die Zutaten für den Salat in einer Schüssel vermengen.

Das Dressing zusammenmischen und unter den Salat heben. Mit Salz und Pfeffer würzen.

TIPP

SO GELINGT QUINOA:
- Immer in reichlich kaltem Wasser waschen und gut abtropfen lassen.
- Ca. 10 Minuten trocknen lassen. Die Quinoa zunächst bei mittlerer Hitze in ein wenig Öl anrösten, ehe Sie die Flüssigkeit zugeben.
- Auf 1 Teil Quinoa kommen 1,5 Teile Flüssigkeit, gerne auch Hühner- oder Gemüsebrühe.
- 15 Minuten kochen, dann 10 Minuten ruhen lassen. Erst dann auflockern.

GEBRATENER HALLOUMI & AVOCADO

PORTIONEN: 2
VORBEREITUNGSZEIT: 15 MINUTEN • GARZEIT: 5 MINUTEN
WF • GF • V (**GF** nur ohne Pita-Brot)

100 g **Halloumi**
1 EL **Olivenöl**
150 g **Tomaten**
1 **Avocado**
2 **Little-Gem-Salate**
2 EL **Hummus**
Salz und **frisch gemahlener schwarzer Pfeffer**
2 **Pita-Brote**, zum Servieren (optional)

DRESSING:
2 EL **Mandeln**, geröstet und grob gehackt
1 **Piquillo-Paprika**, fein gehackt
1 EL **Balsamico-Essig**
3 EL **Olivenöl**
1 EL **frischer Schnittlauch**, fein gehackt
1 TL **Ahornsirup**

Gebratener Käse bedarf eigentlich keiner Vorstellung. Er wird Ihnen ganz sicher schmecken. Servieren Sie ihn als Salat oder in einem Pita-Brot.

Den Halloumi in ca. 1 cm dicke Scheiben schneiden. Mit Küchenkrepp sorgfältig trocken tupfen. Das Öl in einer antihaftbeschichteten Bratpfanne erhitzen und die Halloumischeiben von jeder Seite zwei Minuten goldbraun anbraten. Aus der Pfanne nehmen und auf Küchenkrepp abtropfen lassen.

Tomaten und Avocado in Scheiben schneiden. Den Little-Gem-Salat in 6 Spalten teilen und in der Grillpfanne braten, bis die Schnittflächen leicht angekohlt sind. Alle Zutaten für das Dressing vermischen und mit Salz und Pfeffer würzen.

Das Gemüse auf einer Servierplatte anrichten und mit Salz und Pfeffer würzen. Den Hummus rundherum verteilen und alles mit den Halloumistücken belegen. Das Dressing über den Salat träufeln und nach Belieben mit Pita-Brot servieren.

TIPP

Spanische Piquillo-Paprikas haben Sie am besten immer auf Vorrat. Klein gehackt machen sie sich toll in Salaten, sie können jedoch auch püriert und in Dressings gerührt werden.

MAKRELE-TO-GO

PORTIONEN: 2

VORBEREITUNGSZEIT: 15 MINUTEN • GARZEIT: 2 MINUTEN

WF • GF

¼ **Spitzkohl**, klein geschnitten
½ große **Rote Bete**, gerieben
1 EL **marinierte rote Zwiebeln** (siehe Seite 218)
1 EL **Kümmelsaat**
2 EL **Sauerkraut**
1 Stück **frischer Meerrettich** (2 cm), fein gerieben
1 EL **Saure Sahne** oder **Crème fraîche**
150 g gute **Räuchermakrele**, zerteilt
1 EL **frischer Schnittlauch**, fein gehackt
Salz und **frisch gemahlener schwarzer Pfeffer**

Nehmen Sie diesen Salat mit raus in den Garten und essen Sie ihn auf einer Picknickdecke. Aber bitte nicht kleckern, den Geruch bekommen Sie so schnell nicht mehr aus der Decke raus.

Spitzkohl, Rote Bete und marinierte rote Zwiebeln in einer großen Schüssel vermischen.

Eine kleine Pfanne erhitzen und den Kümmel rösten, bis er duftet. In einem Mörser grob zerstoßen. In die Salatschüssel geben.

Die übrigen Zutaten hinzufügen, mit Salz und Pfeffer würzen und vermischen.

TIPP

Anstelle von frischem Meerrettich können Sie auch Sahnemeerrettich verwenden. Nach Belieben hinzufügen.

ACQUA E SALE

PORTIONEN: 2

VORBEREITUNGSZEIT: 15 MINUTEN

MF • V • VE

200 g **Kirschtomaten**, halbiert
1 **Knoblauchzehe**, zerdrückt
2 EL **marinierte rote Zwiebeln** (siehe Seite 218)
½ **Gurke**, geschält, entkernt, längs geviertelt und in 1 cm lange Stücke geschnitten
1 EL **frische glatte Petersilie**, fein gehackt
1 gute Prise **getrockneter Oregano**
1 ordentlicher Schuss **natives Olivenöl extra**
150 g **altbackenes Sauerteigbrot** oder **Ciabatta**, in kleine Stücke geteilt
Salz und **frisch gemahlener schwarzer Pfeffer**

Das ist unsere Variante von Panzanella, die ihren Ursprung in Apulien hat und für die traditionell Reste zum Einsatz kommen. „Wasser und Salz" und auch ein paar andere Zutaten.

Tomaten, Knoblauch, rote Zwiebeln, Gurken, Petersilie und Oregano mischen. Mit Salz und Pfeffer würzen und mit dem Olivenöl überziehen.

Die Brotstückchen mit 50 ml Wasser beträufeln und unter den Salat heben. Noch mehr Olivenöl hinzufügen und mit Salz und Pfeffer abschmecken.

TIPP

Büffelmozzarella oder Burrata passen ganz ausgezeichnet dazu.

PASTRAMI SALADWICH

PORTIONEN: 2
VORBEREITUNGSZEIT: 15 MINUTEN • GARZEIT: 2 MINUTEN
WF • GF • MF

¼ **Wirsing**, klein geschnitten
150 g **Knollensellerie**, gerieben
1 große **Karotte**, gerieben
100 g **Pastrami**, in dünne Streifen geschnitten
4 **Frühlingszwiebeln**, fein gehackt
1 EL **frischer Schnittlauch**, fein gehackt

DRESSING:
2 EL **Olivenöl**
2 EL **schwarze Senfkörner**
2 TL **englischer Senf**
1 **Knoblauchzehe**, zerdrückt
1 EL **Apfelessig**
Salz und **frisch gemahlener schwarzer Pfeffer**

Ein dekonstruiertes, aufgepepptes Sandwich.

Alle Salatzutaten in eine große Schüssel geben und gut vermischen.

In einer kleinen Bratpfanne das Öl erhitzen. Die Senfkörner hineingeben und die Pfanne vom Herd nehmen, sobald die Körner anfangen aufzuplatzen. Dann die übrigen Zutaten für das Dressing hinzufügen. Alles verquirlen. Mit Salz und Pfeffer würzen und das Dressing unter den Salat mischen.

TIPP

Die Reste von Wirsing und Sellerie ergeben mit dem Senf-Dressing einen tollen Coleslaw. Anstelle von Pastrami können Sie auch Bresaola oder Bündnerfleisch nehmen.

ORZO-SALAT MIT TINTENFISCH

PORTIONEN: 2
VORBEREITUNGSZEIT: 10 MINUTEN • GARZEIT: 12 MINUTEN
MF

100 g **Orzo-Pasta**
1 ½ EL **Olivenöl**
200 g **Tintenfisch**, küchenfertig, die Tintenfischmäntel aufgeschnitten
Chili-Knoblauch-Dressing (siehe Seite 218)
50 g **Rucola**
Salz und **frisch gemahlener schwarzer Pfeffer**

Mehr von diesem Meeresfrüchtesalat!
Er bringt Glück, versprochen!

Die Pasta nach Packungsanleitung zubereiten. Gut abtropfen lassen und mit 1 Esslöffel Olivenöl beträufeln.

Eine Grillpfanne stark erhitzen. Den Tintenfisch im übrigen Olivenöl wenden und mit Salz und Pfeffer würzen. Von jeder Seite einige Minuten in der Pfanne grillen (abhängig von der Größe des Tintenfisches). Die Tentakel etwa 2 Minuten länger grillen. Aus der Pfanne nehmen und abkühlen lassen. Den Tintenfisch in Streifen schneiden.

Die Zutaten für das Dressing verquirlen und die Pasta mit Dressing, Tintenfisch und Rucola vermischen. Mit Salz und Pfeffer abschmecken.

TIPP

Sie können küchenfertigen Tintenfisch auch tiefgefroren kaufen. Wenn Sie keine Orzo-Nudeln auftreiben können, greifen Sie zu einer anderen kleinen Pastasorte oder zu Perl-Couscous.

CAUCHOISE

PORTIONEN: 2
VORBEREITUNGSZEIT: 10 MINUTEN • GARZEIT: 20 MINUTEN
WF • GF

200 g **neue Kartoffeln**
3 Stangen **Staudensellerie**, in Scheiben geschnitten
1 EL **frischer Estragon**, **Kerbel** und **Schnittlauch**, gemischt, fein gehackt
2 EL **Crème fraîche**
4 **Frühlingszwiebeln**, fein gehackt
50 g **Brunnenkresse**
50 g **Kochschinken**, in dünne Streifen geschnitten

DRESSING:
1 TL **Dijon-Senf**
1 EL **Apfelessig**
1 **Knoblauchzehe**, zerdrückt
3 EL **Rapsöl**
Salz und **frisch gemahlener schwarzer Pfeffer**

Dies ist ein traditioneller Salat aus dem Pays de Caux in der Normandie. Er ist ziemlich üppig und sättigend und klingt außerdem echt spaßig.

Die Kartoffeln in kochendem Wasser bissfest garen. Während sie kochen, die Zutaten für das Dressing verquirlen und mit Salz und Pfeffer würzen.

Die Kartoffeln gut abtropfen lassen und noch heiß im Dressing schwenken. Abkühlen lassen. Sobald sie ausreichend kühl sind, in Stücke oder Scheiben schneiden und zurück zum Dressing geben.

Die Kartoffelmischung mit Staudensellerie, Kräutern, Crème fraîche und Frühlingszwiebeln vermengen. Auf einem Bett aus Brunnenkresse und mit Schinkenstreifen garniert servieren.

BELGISCHES STEAK

PORTIONEN: 2
VORBEREITUNGSZEIT: 15 MINUTEN • GARZEIT: 8 MINUTEN
WF • GF • MF

1 **Chicorée**, fein geschnitten
¼ **Radicchio**, fein geschnitten
1 Stange **Lauch**, in feine Ringe geschnitten
200–250 g **Sirloin-Steak** (oder ein anderes Stück)
1 EL **Olivenöl**
100 g **braune Champignons**, in Scheiben geschnitten
Salz und **frisch gemahlener schwarzer Pfeffer**

DRESSING:
2 EL **Senf-Mayonnaise** (siehe Seite 218)
1 EL **Schnittlauch**, fein gehackt

Steak frites gilt als belgisches Nationalgericht. In diesem Rezept gibt es zwar keine Pommes frites, aber wir werden Sie nicht davon abhalten, welche dazu zu servieren.

Chicorée, Radicchio und Lauch in einer großen Schüssel mischen.

Eine Grillpfanne stark erhitzen. Das Steak mit etwas Olivenöl bestreichen und mit Salz und Pfeffer würzen. Von jeder Seite einige Minuten anbraten, dann zum Ruhen auf einen Teller legen. Nicht abdecken.

Die Pilze in dieselbe Pfanne geben, einige Minuten anbräunen lassen, dann zur Seite stellen.

Die Chicorée-Mischung mit der Senf-Mayonnaise vermengen, den Schnittlauch zugeben und mit Salz und Pfeffer abschmecken. Unter die abgekühlten Pilze heben. Das Steak in Scheiben schneiden und auf dem marinierten Salat anrichten.

TIPP

Sie können für diesen Salat auch Roastbeef verwenden.

LUNCHBOX

ROSA QUINOA

PORTIONEN: 1
VORBEREITUNGSZEIT: 10 MINUTEN
WF • GF • MF • V • VE (**MF** und **VE** nur ohne Halloumiwürfel)

200 g **Quinoa**, gekocht und abgekühlt
100 g **Rote Bete**, gekocht
2 TL **Granatapfelsirup**
Saft von ½ **Orange**
1 EL **Olivenöl**
½ **Knoblauchzehe**, zerdrückt
Kerne von ¼ **Granatapfel**
3 **Radieschen**, in Scheiben geschnitten
½ **rote Zwiebel**, fein gehackt
1 Prise **Sumach**
Salz und **frisch gemahlener schwarzer Pfeffer**

ZUM SERVIEREN:
gebackene Halloumiwürfel (optional, siehe Seite 215)

Keine Sorge, rosa Quinoa ist keine neue Quinoa-Sorte, von der Sie noch nie gehört haben. Für die schicke Färbung sorgt die Rote Bete. Es ist immer noch die gute alte Quinoa.

Die Quinoa in eine Schüssel geben.

Für das Rote-Bete-Dressing die nächsten 5 Zutaten mit einem Stabmixer pürieren und mit Salz und Pfeffer abschmecken.

Das Dressing unter die Quinoa heben und die übrigen Zutaten hinzufügen.

TIPP

Rote Bete lässt sich rasch garen, indem man sie schält, reibt und ca. 10 Minuten in etwas Öl brät.

GEMÜSE-FREEKEH MIT DATTELJOGHURT

PORTIONEN: 1

VORBEREITUNGSZEIT: 15 MINUTEN • GARZEIT: 40 MINUTEN

V

2 **Pastinaken**
2 **Karotten**
2 EL **Olivenöl**
100 g **Freekeh** (oder **geräuchertes Freekeh**)
Salz und **frisch gemahlener schwarzer Pfeffer**

DRESSING:

abgeriebene Schale und Saft von ½ **Orange**
½ **Knoblauchzehe**, zerdrückt
2 EL **Naturjoghurt**
je 1 Prise **Kreuzkümmel** und **Kardamom**, gemahlen
4 **Datteln**, entkernt und fein gehackt
1 **rote Chilischote**, fein gehackt
1 TL **Honig**
1 TL **frische Minze**, fein gehackt

ZUM SERVIEREN:

1 Bund **Brunnenkresse**
Granatapfelkerne
frische Minze, fein gehackt
Za'atar

Wenn Sie den Salat am Vorabend zubereiten, streuen Sie die Brunnenkresse und die übrige Garnitur erst kurz vor dem Servieren darüber.

Den Ofen auf 190 °C vorheizen.

Pastinaken und Karotten schälen und längs vierteln. In 1 Esslöffel Olivenöl wenden. Mit Salz und Pfeffer würzen und auf einem Backblech verteilen. Für ca. 40 Minuten in den Ofen schieben, bis sie weich sind.

In der Zwischenzeit das Freekeh nach Packungsanleitung waschen und kochen. Gut abtropfen lassen und mit dem restlichen Olivenöl vermischen. Noch warm mit Salz und Pfeffer würzen.

Für das Dressing alle Zutaten in einer Schüssel verquirlen. Mit Salz und Pfeffer würzen.

Das geröstete Gemüse vorsichtig mit Freekeh und Brunnenkresse vermischen. Auf einem Servierteller anrichten. Mit dem Joghurt-Dressing beträufeln und mit Granatapfelkernen, gehackter Minze und Za'atar bestreuen.

TIPP

Alternativ das Gemüse einige Minuten in kochendem Wasser blanchieren. Abtropfen lassen und in Olivenöl schwenken. In einer heißen Grillpfanne leicht anbräunen lassen und zum Salat geben. Auch andere Gemüsesorten wie Kürbis oder Knollensellerie eignen sich gut.

EINGESALZENE MAKRELE

PORTIONEN: 1

VORBEREITUNGSZEIT: 40 MINUTEN (plus Zeit zum Einsalzen) • **GARZEIT: 10 MINUTEN**

MF

150 g **Makrelenfilets**, entgrätet
1 TL **Salz**
50 ml **Wasser**
50 ml **Weißweinessig**
25 g **brauner Zucker**
50 g **Erbsen**, gekocht
10 **kleine Gewürzgurken**, in Scheiben geschnitten
1 **Schalotte**, fein gehackt
1 EL **Olivenöl**
1 EL **frischer Dill**, fein gehackt
150 g **Perl-Couscous**, gekocht
1 Handvoll **Feldsalat**
Salz und **frisch gemahlener schwarzer Pfeffer**
natives Olivenöl extra

Ganz schön gesalzen, diese Makrele!

Die Makrelenfilets mit Küchenkrepp trocken tupfen und mit dem Salz bestreuen. Etwa 20 Minuten stehen lassen. Überschüssiges Salz von den Filets schaben und erneut trocken tupfen. In eine Schüssel geben. Wasser und Essig mit Zucker erhitzen, bis sich dieser aufgelöst hat. Über den Fisch gießen und diesen darin „garen".

Sobald der Fisch gerade durch ist (das dauert ein paar Minuten und ist abhängig von der Dicke der Filets), aus der Flüssigkeit nehmen und sorgfältig mit Küchenkrepp trocken tupfen. Diagonal in Stücke schneiden.

Erbsen, Gewürzgurken, Schalotte, Öl und Dill mischen und mit Salz und Pfeffer würzen. Die Makrele unterheben. Auf einer Platte den Couscous und den Feldsalat anrichten. Mit der Makrelen-Erbsen-Mischung belegen und mit etwas Olivenöl beträufeln.

TIPP

Wenn es schneller gehen soll, können Sie für diesen Salat ebenso gebratene oder geräucherte Makrele verwenden. Auch andere fette Fischarten in gegarter Form eignen sich dafür.

HEISSGERÄUCHERTER LACHS

PORTIONEN: 1
VORBEREITUNGSZEIT: 20 MINUTEN • GARZEIT: 8 MINUTEN

1 kleine **rohe Rote Bete**, geschält und grob gerieben
2 EL **Olivenöl**
½ **Knoblauchzehe**, zerdrückt
1 TL **Kümmelsaat**
fein abgeriebene Schale und Saft von ½ **Orange**
1 TL **Balsamico-Essig**
1 großes Stück **Gurke** (2 cm)
4 **Radieschen**
200 g **Freekeh**, gekocht
100 g **heißgeräucherter Lachs**, im Ganzen
1 Handvoll **Brunnenkresse**
1 EL **frischer Dill**, grob gehackt
Salz und **frisch gemahlener schwarzer Pfeffer**

DRESSING:
1 EL **Crème fraîche**
1 TL **Zitronensaft**
2 TL **Meerrettich**, gerieben (oder scharfer Sahnemeerrettich)

TIPP

Anstelle von heißgeräuchertem Lachs können Sie auch kaltgeräucherten Lachs oder jeden anderen Räucherfisch verwenden, z. B. Aal für die Wagemutigen unter Ihnen.

Dieser Salat verspricht ein langes Leben. Er ist nicht nur ausgesprochen köstlich, sondern auch noch irre gesund.

Die geriebene Rote Bete in eine Schüssel geben. Für einen Orangensud die Hälfte des Öls in einen kleinen Topf schütten, dann den Knoblauch und den Kümmel dazugeben. Ehe der Knoblauch Farbe annimmt, die Orangenschalen und den -saft hinzufügen und 5 Minuten lang köcheln lassen, bis der Orangensaft eine sirupartige Konsistenz aufweist. Den Balsamico-Essig und das übrige Olivenöl zugießen. Die Rote Bete im Orangensud marinieren, mit Salz und Pfeffer würzen und sorgfältig mischen.

Die Zutaten für das Dressing in einer Schüssel verquirlen. Ein wenig Wasser hinzufügen, sodass die Konsistenz von Sahne entsteht. Zur Seite stellen, damit sich die Aromen entfalten können.

Die Gurken und Radieschen zunächst in dünne Scheiben, diese dann in feine Stifte schneiden.

Den Lachs vorsichtig in grobe Stücke zerpflücken und auf der marinierten Roten Bete und dem Freekeh anrichten. Mit dem Dressing beträufeln und mit Gurke, Radieschen und Brunnenkresse garnieren. Abschließend mit Dill bestreuen.

RIESENCOUSCOUS

PORTIONEN: 1

VORBEREITUNGSZEIT: 15 MINUTEN • GARZEIT: 10 MINUTEN

MF • V • VE

150 g **Riesencouscous**, gekocht und abgekühlt
1 **Zucchini**
¼ **Aubergine**
1 EL **Olivenöl**
6 **Kirschtomaten**, geviertelt
1 **Piquillo-Paprika**, in Streifen geschnitten
Basilikum-Dressing (siehe Seite 216)
Salz und **frisch gemahlener schwarzer Pfeffer**

Dieser gigantische Salat sättigt, ohne dass Sie sich übervoll fühlen. Am Schreibtisch essen war noch nie so einfach.

Den Couscous in eine große Schüssel geben. Die Zucchini und die Aubergine entweder in Stücke oder in Streifen schneiden. Die Stücke in Olivenöl braten, die Streifen können Sie in einer Grillpfanne zubereiten.

Das gegarte Gemüse sowie die Tomaten und die Paprikastreifen mit dem Couscous vermischen.

Das Basilikum-Dressing unter den Salat mischen und mit Salz und Pfeffer würzen.

TIPP

Um festzustellen, ob das Gemüse in der Grillpfanne gar ist, drücken Sie einfach mit dem Finger drauf.

Auch Pinienkerne, halbgetrocknete Tomaten und fein gehobelter Fenchel passen gut zu Couscous.

WÜRZIGES TEMPEH MIT GRÜNKOHL

PORTIONEN: 1

VORBEREITUNGSZEIT: 15 MINUTEN • GARZEIT: 15 MINUTEN

MF • V • VE

100 g **Grünkohl**, Stiele entfernt
2 TL **Sesamöl**
50 g **Tempeh**, gegart
1 EL **Rapsöl**
1 TL **Chilisauce**
2 TL **Sojasauce**
1 Prise **Cayenne-Pfeffer**
1 **Karotte**, gerieben
50 g **Mais**, gegart
2 EL **geröstete Kichererbsen** (siehe Seite 215)
1 EL **geröstete Sesamkörner**
Salz und **frisch gemahlener schwarzer Pfeffer**

DRESSING:

½ **Knoblauchzehe**, zerdrückt
1 EL **Reisessig**
1 EL **Sesamöl**
1 EL **Rapsöl**
1 TL **Ingwer**, fein gerieben

ZUM SERVIEREN:

1 EL **frischer Koriander**, grob gehackt

Die knusprigen Kichererbsen können zusammen mit dem Grünkohl im Ofen brutzeln. Beide sind auch für sich alleine tolle „Barsnacks".

Den Ofen auf 150 °C vorheizen.

Den Grünkohl in Sesamöl wenden, salzen und pfeffern und auf einem Backblech ausbreiten. Im Ofen ca. 10–15 Minuten knusprig backen, bis er leicht gebräunte Ränder aufweist.

Das Tempeh in dünne Scheiben schneiden. In einer kleinen Bratpfanne das Rapsöl erhitzen und das Tempeh darin unter ständigem Rühren 1 Minute anbraten. Chilisauce, Sojasauce und Cayenne-Pfeffer rasch zugeben. Schwenken, sodass das Tempeh vollständig überzogen ist, dann vom Herd nehmen.

In einer großen Schüssel Grünkohl, Karotte, Mais, Kichererbsen und Sesamkörner mischen. Die Zutaten für das Dressing verquirlen und unter den Salat heben. Mit Salz und Pfeffer würzen. Mit den Tempeh-Scheiben belegen und dem gehackten Koriander bestreuen.

TIPP

Rohes Tempeh vor der Verwendung 20 Minuten garen. Zusätzliche Gewürze wie Kreuzkümmel oder Koriander verleihen dem Tempeh Geschmack.

DREIERLEI BLUMENKOHL

MIT SAFRAN GERÖSTET

PORTIONEN: 1
VORBEREITUNGSZEIT: 15 MINUTEN
GARZEIT: 20 MINUTEN
WF • GF • MF • V • VE

¼ **Blumenkohl**
½ **Romanesco**
1 EL **Olivenöl**
1 EL **Sultaninen**
50 g **Grünkohl**, gekocht und grob gehackt
1 **Schalotte**, fein gehackt
1 EL **frische glatte Petersilie**, fein gehackt
1 EL **Pinienkerne**, geröstet
Salz und **frisch gemahlener schwarzer Pfeffer**

SAFRAN-VINAIGRETTE:
1 Prise **Safran**, in 1 EL kochendem Wasser aufgelöst
1 EL **Sherry-Essig**
2 EL **Olivenöl**
½ **Knoblauchzehe**, zerdrückt
1 TL **Ahornsirup**

Vertrauen Sie uns: Sie werden diesen Mix lieben. Wenn Ihnen der Sinn nach ein bisschen Extravaganz steht, kaufen Sie iranischen Safran.

Den Ofen auf 170 °C vorheizen. Blumenkohl und Romanesco in Röschen teilen. Im Olivenöl wenden, mit Salz und Pfeffer würzen und im Ofen 15–20 Minuten backen, bis sie Farbe annehmen. Die Sultaninen mit heißem Wasser bedecken. Während das Gemüse gart, die Zutaten für die Safran-Vinaigrette verquirlen und mit Salz und Pfeffer würzen. Blumenkohl und Romanesco noch heiß zum Dressing geben. Gut mischen und abkühlen lassen. Die übrigen Zutaten, samt der Sultaninen, hinzufügen.

SPECK-WALNUSS-DRESSING

PORTIONEN: 1
VORBEREITUNGSZEIT: 15 MINUTEN
GARZEIT: 20 MINUTEN
WF • GF • MF

½ **Blumenkohl**, in Röschen geteilt und zubereitet wie im vorherigen Rezept
1 Stange **Lauch**, in Ringe geschnitten und gegart
1 Stange **Staudensellerie**, in Scheiben geschnitten
50 g **Speckstreifen**, gebraten
1 EL **frischer Schnittlauch**, fein gehackt
1 Handvoll **Baby-Spinat**
2 EL **Walnuss-Dressing** (siehe Seite 219)

Wenn Sie den Speck weglassen, wird daraus ein Veggie-Salat.

Alle Zutaten, mit Ausnahme von Spinat und Schnittlauch, mit dem Dressing vermischen. Auf den Spinatblättern anrichten und mit Schnittlauch bestreuen.

TIPP

Gerösteter Blumenkohl ist eine Offenbarung und eine tolle Methode, um die Aromen hervorzubringen. Vermischen Sie ihn mit geriebenem Käse, wenn er frisch aus dem Ofen kommt, und lassen Sie ihn dann abkühlen.

BLUMENKOHL-COUSCOUS

PORTIONEN: 1
VORBEREITUNGSZEIT: 15 MINUTEN
GARZEIT: 5 MINUTEN
WF • GF • V

½ **Blumenkohl**
1 EL **Olivenöl**
2 EL **marinierte rote Zwiebeln** (siehe Seite 218)
5 **sonnengetrocknete Tomaten**, grob gehackt
¼ **Gurke**, gewürfelt
10 **frische Basilikumblätter**, zerzupft
1 EL **Pinienkerne**, geröstet
1 EL **Feta**, zerkrümelt
Salz und **frisch gemahlener schwarzer Pfeffer**

Eine großartige Möglichkeit, glutenfrei zu essen.

Den Blumenkohl in Röschen teilen und in der Küchenmaschine auf die Größe von Couscous zerkleinern. Das lässt sich auch durch feines Hacken erzielen. In einer großen flachen Pfanne das Öl erhitzen und den Blumenkohl darin einige Minuten unter ständigem Rühren anbraten. Mit Salz und Pfeffer würzen. In eine Schüssel geben und die übrigen Zutaten hinzufügen.

ERBSEN MIT SCHWARZEM REIS

PORTIONEN: 1

VORBEREITUNGSZEIT: 10 MINUTEN • GARZEIT: 5 MINUTEN

WF • GF • MF • V

150 g **schwarzer Reis**, gekocht
100 g **Erbsen**, gekocht
1 Bund **Frühlingszwiebeln**, fein gehackt
1 **rote Chilischote**, fein gehackt
1 oder 2 **gekochte Eier** (je nach Hunger)
1 EL **frischer Koriander**, fein gehackt
1 Handvoll **Erbsenschoten** (optional)

CURRY-VINAIGRETTE:
1 TL **Curry-Pulver**
1 EL **Reisessig**
2 EL **Rapsöl**
1 TL **Ingwer**, fein gerieben
Salz und **frisch gemahlener schwarzer Pfeffer**

Als Jane Rezepte ausprobierte, war sie bei der Verkostung dieses Salates so verwirrt, dass sie völlig vergessen hat aufzuschreiben, wie er zubereitet wird. Glücklicherweise hat sie ihn dann noch einige Male gemacht und gegessen. Hier ist also das Rezept für Sie.

In einer großen Schüssel den Reis mit Erbsen, Frühlingszwiebeln und Chilischote mischen.

Die Zutaten für die Vinaigrette verquirlen und mit Salz und Pfeffer würzen.

Das Dressing unter den Reis rühren und mit den halbierten Eiern, dem Koriander und, nach Belieben, den Erbsenschoten garnieren.

TIPP

Zerpflückter kaltgeräucherter Schellfisch macht sich toll dazu.

KARENS KÜRBISSALAT

PORTIONEN: 1
VORBEREITUNGSZEIT: 15 MINUTEN • GARZEIT: 30 MINUTEN
WF • GF • MF • V • VE

200 g **Kürbis**, in 2–3 cm große Stücke geschnitten
1 EL **Olivenöl**
1 TL **Garam Masala**
1 **Schalotte**, fein gehackt
50 g **Piquillo-Paprikas**, grob gehackt
2 EL **Linsen**, gekocht
2 EL **Kichererbsen**, gekocht oder geröstet (siehe Seite 215)
50 g **Erbsen** und **Dicke Bohnen**, gemischt, gekocht
1 EL **frische Minze** und **glatte Petersilie**, gemischt, fein gehackt
2 EL **Sonnenblumenkerne**, geröstet
Salz und **frisch gemahlener schwarzer Pfeffer**

DRESSING:
1 **Knoblauchzehe**, zerdrückt
2 EL **Olivenöl**
1 EL **Apfelessig**
½–1 **rote Chilischote**, fein gehackt
1 EL **Mandeln**, grob gehackt
2 **sonnengetrocknete Tomaten**, grob gehackt
4 **Oliven**, grob gehackt

Karen bereitete diesen Salat für ein Mittagessen im Kreise der Familie zu. Rachael, die in unserem Marketing-Team arbeitet, war so begeistert davon, dass er Eingang in dieses Buch gefunden hat. Ein Salat, der rockt. Genauso wie Karen.

Den Ofen auf 170 °C vorheizen.

Den Kürbis in Olivenöl und Garam Masala wenden. Mit Salz und Pfeffer würzen und im Ofen ca. 30 Minuten backen, bis er weich ist. Abkühlen lassen, dann in einer Schüssel mit den nächsten 5 Zutaten vermischen.

Die Zutaten für das Dressing verrühren, mit Salz und Pfeffer würzen und unter die Kürbismischung heben.

Kurz vor dem Servieren die Kräuter und die Sonnenblumenkerne zugeben.

TIPP

Im Kühlschrank hält sich der Salat einige Tage. Die frischen Kräuter sollten Sie jedoch erst kurz vor dem Essen zugeben. Der Kürbissalat ist herrlich zu Lamm, funktioniert aber alleine, vielleicht noch mit ein paar Salatblättern, genauso gut.

MALAYSISCHER SALAT MIT IKAN BILIS

PORTIONEN: 1
VORBEREITUNGSZEIT: 15 MINUTEN
MF

1 EL **Kokosraspel**, geröstet
2 TL **getrocknete Garnelen**, in heißem Wasser eingeweicht
¼ **Gurke**, geschält, entkernt und in Streifen geschnitten
50 g **Bohnensprossen**
2 **Frühlingszwiebeln**, grob gehackt
100 g **gemischtes Gemüse** (**Zuckererbsen**, **Zuckerschoten** oder **Grüne Bohnen**), in Streifen geschnitten
5 Blätter **frische Minze**, zerzupft
1 **rote Chilischote**, fein gehackt
Saft von ½ **Limette**
1 TL **Ketjap Manis**
½ TL **Palmzucker**
1 TL **Sesamöl**
Salz und **frisch gemahlener schwarzer Pfeffer**

ZUM SERVIEREN:
frischer Schnittlauch
25 g **Ikan Bilis** (siehe Seite 214)

Ikan Bilis sind getrocknete Sardellen. Dieser Salat hat also mit Sicherheit das Zeug dazu, einem trostlosen Tag etwas Tempo einzuhauchen. Er verwöhnt Sie mit intensiven Aromen und hat dank der Mischung aus rohem Gemüse auch ordentlich Biss.

Die gerösteten Kokosraspel zusammen mit den getrockneten Garnelen im Mörser zerstoßen.

In einer Schüssel das vorbereitete Gemüse mit der Minze und der Chilischote vermischen. Die übrigen Zutaten ebenfalls vermengen und unter den Salat heben. Die Kokosnuss-Garnelen-Paste unterrühren und mit Salz und Pfeffer würzen.

Mit Schnittlauch und Ikan Bilis garniert servieren.

TIPP

Auch gegarte Garnelen oder andere Meeresfrüchte passen gut zu diesem Salat. Geröstete Kokosraspel und das Ketjap-Manis-Dressing vertragen sich auch erstaunlich gut mit in Scheiben geschnittenen Tomaten.

GRÜNKOHL & ERDNÜSSE

PORTIONEN: 1
VORBEREITUNGSZEIT: 10 MINUTEN
WF • GF • MF • V • VE

Mehr als bloß die Summe seiner Einzelteile. Einfach mal machen!

100 g **Grünkohl**
50 g **Frühkohl**
1 EL **frischer Koriander**, fein gehackt
1 Prise **frische Minze**, fein gehackt
3 EL **LEON-Tamari-Sesam-Dressing** (siehe Seite 216; wenn der Salat glutenfrei sein soll, darf auch das Tamari kein Gluten enthalten)
1 EL **geröstete Erdnüsse**, grob gehackt

Grünkohl und Frühkohl sehr fein schneiden und mit den Kräutern vermischen. Das Dressing unterrühren und zum Servieren mit den Erdnüssen bestreuen.

KAISERLICHER GRÜNKOHL

PORTIONEN: 1
VORBEREITUNGSZEIT: 10 MINUTEN
WF • GF

100 g **Grünkohl**, Stiele entfernt
50 g **Frühkohl**, Stiele entfernt
3 EL **LEON-Honig-Senf-Dressing** (siehe Seite 218)
100 g **Hühnchen**, gekocht und zerpflückt
4 **gesalzene Sardellenfilets**, fein gehackt
1 EL **Parmesan**, fein gerieben
1 EL **frischer Schnittlauch**, fein gehackt

Obwohl hier kein traditionelles Caesar-Dressing (siehe Seite 219) zum Einsatz kommt, erinnern die Sardellenfilets und der Parmesan doch sehr daran. Ein Wohl auf den Kohl!

Grünkohl und Frühkohl fein schneiden. Mit dem Dressing vermischen und zum Servieren mit den anderen Zutaten garnieren.

POLNISCHER KARTOFFELSALAT MIT HERING

PORTIONEN: 1
VORBEREITUNGSZEIT: 15 MINUTEN
WF • GF

100 g **Rollmops**, gut abgetropft und in Stücke geschnitten
100 g **Rote Bete**, gekocht und gewürfelt
100 g **Kartoffeln**, gekocht und gewürfelt
½ **Apfel**, entkernt und gewürfelt
½ **rote Zwiebel**, in Ringe geschnitten
1 TL **scharfer Sahnemeerrettich**
1 EL **Saure Sahne**
1 EL **frischer Dill** und **Schnittlauch**, gemischt, fein gehackt
einige **Radicchioblätter**
Salz und **frisch gemahlener schwarzer Pfeffer**

Rollmops ist viel netter, als er klingt. Vertrauen Sie uns.

Die ersten 5 Zutaten in einer Schüssel miteinander vermengen. Den Sahnemeerrettich mit der Sauren Sahne und der Hälfte der Kräuter mischen. Mit Salz und Pfeffer würzen.

Die Sahnemischung unter den Salat heben. Auf den Radicchioblättern anrichten und mit den restlichen Kräutern bestreuen.

TIPP

Sie können dazu auch klein geschnittene hart gekochte Eier und süß-sauer eingelegte Gurken servieren. Oder Sie reiben frischen Meerrettich darüber.

TOMATEN, FETA & LINSEN

PORTIONEN: 1
VORBEREITUNGSZEIT: 10 MINUTEN
WF • GF • V

100 g **Linsen**, gekocht
¼ **Gurke**, gewürfelt
1 EL **frischer Dill**, grob gehackt
2 EL **Französische Vinaigrette** (siehe Seite 216)
3 **halbgetrocknete Tomaten**, in Streifen geschnitten
30 g **Baby-Eiertomaten**, halbiert
30 g **Feta**, zerkrümelt
1 Handvoll **Rucola**
1 EL **LEON-Röstkerne** (siehe Seite 215)
Salz und **frisch gemahlener schwarzer Pfeffer**

Ein perfekter Salat für den Hochsommer. Linsen sind der ideale Energielieferant für lange Tage und noch längere Nächte.

In einer Schüssel die Linsen mit der Gurke und dem Dill mischen. Mit Salz und Pfeffer würzen und mit der Vinaigrette anmachen.

Mit den übrigen Zutaten bestreuen.

VARIANTEN

BEERIGE MAKRELE:
WF • GF • MF

- Die Tomaten und den Feta weglassen. 100 g zerpflückte Räuchermakrele und je 1 Esslöffel Granatapfelkerne und Heidelbeeren hinzufügen.

SCHWEINSHAXE & LINSEN:
WF • GF • MF

- Anstatt Tomaten und Feta 100 g zerkleinerte Schweinshaxe nehmen. Mit dem LEON-Honig-Senf-Dressing servieren.

LEON
LDN

HÜHNCHEN & QUINOA GANZ PUR

PORTIONEN: 1
VORBEREITUNGSZEIT: 15 MINUTEN
WF • GF • MF

150 g **Quinoa**, gekocht
100 g **Hühnerbrust**, gekocht und klein geschnitten
4 **sonnengetrocknete Tomaten**, fein gehackt
50 g **Zuckererbsen**, gekocht
1 Stück **Gurke** (2–3 cm), entkernt und gewürfelt
1 EL **frische Minze** und **Petersilie**, gemischt, fein gehackt
2 EL **Olivenöl**
1 EL **Zitronensaft**
die Kerne von ¼ **Granatapfel**
Salz und **frisch gemahlener schwarzer Pfeffer**
1 **Zitronenspalte**, zum Servieren

Im letzten Jahr ging es bei LEON vor allem um „Lean & Clean". Also nicht darum zu hungern, sondern dem Körper den Treibstoff zu geben, den er braucht. Zurücklehnen und genießen.

In einer großen Schüssel alle Zutaten miteinander vermischen, mit Ausnahme der Granatapfelkerne und der Zitrone, mit denen der Salat erst nach dem Würzen garniert wird.

TIPP

Ohne Hühnchen wird daraus ein veganer Salat. Avocado ist ein toller Lieferant für die guten Fette.

HÜHNCHEN MIT MAIS-DRESSING

PORTIONEN: 1
VORBEREITUNGSZEIT: 15 MINUTEN
WF • GF • MF

100 g **gekochte Hühnerbrust**, in Streifen geschnitten
½ **Avocado**, in Scheiben geschnitten
6 **Kirschtomaten**, halbiert
4 **Frühlingszwiebeln**, fein gehackt
½ **Little-Gem-Salat**
50 g **schwarze Bohnen** aus der Dose, abgetropft

DRESSING:
die Kerne von 1 **Maiskolben**, grob gehackt
½ **Knoblauchzehe**, zerdrückt
1 **rote Chilischote**, fein gehackt
1 **Schalotte**, fein gehackt
1 **Piquillo-Paprika**, fein gehackt
Saft von ½ **Limette**
2 EL **Olivenöl**
1 EL **frischer Koriander**, fein gehackt
Salz und **frisch gemahlener schwarzer Pfeffer**

Schlägt Hühnchen und Mais als Sandwicheinlage um Längen. Aber das wussten Sie sicher schon.

Alle Salatzutaten auf einem Teller anrichten – oder in einem großen Glas, wenn Sie ein Hipster sind.

TONNATO-HÜHNCHEN MIT ARTISCHOCKEN

PORTIONEN: 1
VORBEREITUNGSZEIT: 15 MINUTEN
WF • GF • MF

150 g **gekochtes Hühnchen**, in dünne Scheiben geschnitten
100 g **gekochte Grüne Bohnen**, in mundgerechte Stücke geschnitten
2 **gekochte Artischockenherzen**, in Scheiben geschnitten
¼ **Romana-Salat**, klein geschnitten

DRESSING:
1 **Sardellenfilet**
5 **Kapern**
5 **frische Basilikumblätter**
½ **Knoblauchzehe**, zerdrückt
2 EL **Mayonnaise**
1 EL **Öl von Thunfisch** oder **Sardellenfilets**
1 EL **Thunfisch aus der Dose**
Salz und **frisch gemahlener schwarzer Pfeffer**

ZUM SERVIEREN:
Sardellenfilets
Kapern
frische Basilikumblätter

Stellen Sie sich vor, Sie fahren durch Italien und halten zum Mittagessen an einem kleinen familiären Ristorante. Wenn Sie Lust dazu haben.

Hühnchen, Bohnen, Artischocken und Romana-Salat auf einem Teller anrichten, die Hühnchenscheiben sollten dabei sichtbar sein.

Sardellenfilets, Kapern, Basilikum und Knoblauch im Mörser zu einer Paste zerstoßen. Mit etwas Salz lässt sich das Basilikum besser zerreiben.

Die Paste mit der Mayonnaise und dem Öl vermischen. Den Thunfisch unterrühren. Die Mischung sollte die Konsistenz von flüssiger Sahne aufweisen. Ist sie zu dick, mit ein wenig Wasser verdünnen, dann gut würzen.

Die Tonnato-Sauce über den Salat träufeln und mit extra Sardellenfilets, Kapern und Basilikum garnieren.

TIPP

Für diesen Salat können Sie auch die Reste von Brathähnchen, Schweine- oder Rindfleisch verwenden.

ROSENKOHLSALAT

PORTIONEN: 1
VORBEREITUNGSZEIT: 10 MINUTEN
WF • GF

2 Handvoll **Grünkohl**, Stiele entfernt und fein geschnitten
100 g **Rosenkohl**, fein geschnitten
Saft von ½ **Zitrone**
3 EL **LEON-Honig-Senf-Dressing** (siehe Seite 218)
1 EL **getrocknete Cranberrys**
50 g **Frühstücksspeck**, gebraten (optional)
25 g **Rauchmandeln**, grob gehackt
1 EL **Pecorino**, fein gerieben
Salz und **frisch gemahlener schwarzer Pfeffer**

Lässt sich selbst am Schreibtisch unheimlich einfach zusammenmischen. Das Gemüse muss nicht gekocht werden und Sie können den Frühstücksspeck bereits am Vorabend anbraten. Immer ein scharfes Messer in Schreibtischnähe bereithalten – man weiß nie, wann man es braucht.

Das klein geschnittene Gemüse in eine Schüssel geben und mit Zitronensaft beträufeln. Mit Salz und Pfeffer würzen.

Dressing, Cranberrys, Speckstreifen und Mandeln unterrühren.

Kurz vor dem Servieren den Pecorino daruntermischen.

FARRO-SALAT

PORTIONEN: 1
VORBEREITUNGSZEIT: 15 MINUTEN • GARZEIT: 30 MINUTEN
MF • V • VE

1 Stange **Lauch**, in 2–3 cm breite Ringe geschnitten
6 **Radieschen**, halbiert
1 **Fenchelknolle**, geachtelt
1 **Speiserübe**, geschält und in Stücke geschnitten
2 EL **Olivenöl**
½ **Knoblauchzehe**, zerdrückt
150 g **Farro**, gekocht
Saft von ½ **Zitrone**
Salz und **frisch gemahlener schwarzer Pfeffer**

GREMOLATA:
1 EL **frische glatte Petersilie**, fein gehackt
abgeriebene Schale von ½ **Zitrone**
½ **Knoblauchzehe**, sehr fein gehackt

Der Salat, nach dem Sie gesucht haben.

Den Ofen auf 170 °C vorheizen.

Das vorbereitete Gemüse in 1 Esslöffel Olivenöl wenden und 30 Minuten im Ofen rösten, bis es gerade durch ist. Aus dem Ofen nehmen und abkühlen lassen.

Während das Gemüse gart, das übrige Öl in einer Pfanne erhitzen und den Knoblauch darin 1 Minute anbraten. Den Farro hinzufügen und mit dem Knoblauchöl vermischen. Einige Minuten garen lassen. Mit Salz und Pfeffer würzen, dann den Zitronensaft unterrühren und abkühlen lassen.

Die Zutaten für die Gremolata vermischen und nach Belieben würzen. Gemüse und Farro mischen. Gremolata darüberstreuen und den Salat noch einmal durchmischen.

TIPP

Einen weiteren einfachen Salat mit gekochtem Farro erhalten Sie durch das Hinzufügen von gehackten Tomaten, Piquillo-Paprikas und gegarten Zucchinistückchen. Zusätzlich Pesto und Olivenöl unterrühren.

SPINAT, KICHERERBSEN & MANDELN

PORTIONEN: 1
VORBEREITUNGSZEIT: 10 MINUTEN • GARZEIT: 1 MINUTE
WF • GF • MF • V • VE

1 EL **Sultaninen**
300 g **Spinat**
1 Prise **Cayenne-Pfeffer**
100 g **Kichererbsen**, gekocht
2 EL **Mandelblättchen**, geröstet
2 EL **marinierte rote Zwiebeln** (siehe Seite 218)
½ **Knoblauchzehe**, zerdrückt
2 EL **Olivenöl**
1 EL **frische glatte Petersilie**, fein gehackt
Salz

Auch wenn man am Ende des Monats vielleicht knapp bei Kasse ist, reicht es immer noch für diesen Salat. Der schmeckt außerdem so gut, dass er von den Schuhen ablenkt, die einen an den Rand des Bankrotts getrieben haben.

Die Sultaninen in heißem Wasser einweichen.

Den Spinat 1 Minute in kochendem Wasser blanchieren, dann in kaltem Wasser abschrecken und gut abtropfen lassen. Überschüssige Flüssigkeit ausdrücken und fein hacken. Mit Salz und Cayenne-Pfeffer würzen.

Die Hälfte der Kichererbsen grob zerdrücken. Sämtliche Zutaten, auch die abgetropften Sultaninen, in letzter Minute vermischen.

ROTE BETE, LABNEH & DUKKAH

PORTIONEN: 1

VORBEREITUNGSZEIT: 10 MINUTEN

WF • GF • V

200 g **Rote Bete**, gekocht und klein geschnitten
100 g **Puy-Linsen**, gekocht
4 EL **marinierte rote Zwiebeln** (siehe Seite 218)
2 EL **Olivenöl**
1 EL **Balsamico-Essig**
1 kleines Bund **Brunnenkresse**
2 **Radieschen**, in Scheiben geschnitten (optional)
50 g **Labneh**
1 EL **frische Minze**, fein gehackt
2 TL **Dukkah**
Salz und **frisch gemahlener schwarzer Pfeffer**

Leicht gesalzener Labneh gibt diesem Salat eine cremige reichhaltige Note und lässt die Rote Bete pink erstrahlen.

Die Rote-Bete-Stücke mit den Linsen und den roten Zwiebeln mischen. Olivenöl und Balsamico unterrühren und mit Salz und Pfeffer würzen.

Die Brunnenkresse auf einem Teller anrichten und mit der Roten Bete belegen. Radieschen und Labneh darauf verteilen und mit Minze und Dukkah bestreuen.

ESSEN FÜR FREUNDE

TOPINAMBUR & TRÜFFEL

PORTIONEN: 4
VORBEREITUNGSZEIT: 10 MINUTEN
WF • GF

8 **Topinamburen**
2 EL **Zitronensaft**
50 g **Löwenzahnblätter** (wenn diese gerade Saison haben) oder **Frisée-Salat**
Blätter von 3 **Chicorées**
50 g **Parmesan**, gehobelt
200 g **Polenta-Croûtons** (siehe Seite 214)
2 EL **frischer Schnittlauch**, fein gehackt
Trüffelöl, zum Servieren

DRESSING:
2 EL **Zitronensaft**
3 EL **natives Olivenöl extra**
Salz und **frisch gemahlener schwarzer Pfeffer**

TIPP
Sie können diesem Salat auch klein geschnittenen rohen Rosenkohl oder zerkrümelten (oder gegrillten) Ziegenkäse hinzufügen.

Die Löwenzahnblätter in diesem Salat geben dem Ganzen eine bittere Note. Aber keine Angst, das ist gut! In der Regel sind sie etwas schwerer aufzutreiben, es sei denn, Sie haben einen Garten, der gejätet werden muss.

Die Topinamburen schälen, in eine Schale geben und mit kaltem Wasser bedecken. Zitronensaft hinzufügen, damit sie sich nicht verfärben.

Die Zutaten für das Dressing mischen und gut würzen.

In einer großen Schüssel die Löwenzahn- und Chicoréeblätter vermischen. Erst kurz vor dem Servieren die Topinamburen mit einer Mandoline oder einem Sparschäler dünn in den Salat hobeln.

Mit Parmesan, Croûtons und Schnittlauch garnieren und mit Trüffelöl beträufeln.

KÄSE & WINTERLICHER BLATTSALAT

PORTIONEN: 4
VORBEREITUNGSZEIT: 10 MINUTEN • GARZEIT: 50 MINUTEN
WF • GF

400 g **Kürbis**, in Stücke oder Scheiben geschnitten
3 EL **Olivenöl**, plus ein wenig mehr für den Kürbis
75 g **Pekannüsse**
1 Spritzer **Tabasco**
1 Spritzer **Worcestershiresauce**
1 Prise **Cayenne-Pfeffer**
200 g **gemischter Wintersalat** (**Portulak**, **Radicchio** oder **Frisée**)
2 **reife Birnen**, geschält und in Scheiben geschnitten
1 EL **Apfelessig**
Blauschimmelkäse-Dressing (siehe Seite 218)
Salz und **frisch gemahlener schwarzer Pfeffer**

Birnen und Pekannüsse verleihen diesem Salat einen angenehmen Biss, der vom Dressing mit Blauschimmelkäse wunderbar abgerundet wird. Der Kürbis ist sowohl sättigend als auch herrlich aromatisch.

Den Ofen auf 200 °C vorheizen.

Den vorbereiteten Kürbis in Olivenöl wenden und mit Salz und Pfeffer würzen, dann ca. 40 Minuten im Ofen backen, bis er weich ist. Zur Seite stellen und abkühlen lassen.

Die Pekannüsse mit Tabasco, Worcestershiresauce, Cayenne-Pfeffer und ein wenig Salz würzen. Auf einem Backblech verteilen und für 8 Minuten in den Ofen schieben, bis sie leicht geröstet sind.

Zum Servieren die Salatblätter und die Birnen mit dem Olivenöl und dem Essig vermischen und würzen. Mit Kürbis und Pekannüssen anrichten und mit dem Blauschimmelkäse-Dressing beträufeln.

TIPP

Wer es gerne etwas fleischiger hätte, fügt zerzupfte Schweinshaxe hinzu.

BOHNENSALAT

PORTIONEN: 4
VORBEREITUNGSZEIT: 10 MINUTEN • GARZEIT: 5 MINUTEN
WF • GF • MF • V • VE

200 g **Erbsen**
200 g **Dicke Bohnen**
200 g **Zuckerschoten**, klein geschnitten
3 EL **Olivenöl**
1 EL **Rotweinessig**
2 **Knoblauchzehen**, zerdrückt
4 **Artischockenherzen**, gekocht und in Scheiben geschnitten
100 g **Puy-Linsen**, gekocht
3 EL **frische Minze**, fein gehackt
200 g **Baby-Spinat**
1 Handvoll **Erbsensprossen**
Salz und **frisch gemahlener schwarzer Pfeffer**

Dieser Salat ist reich an Hülsenfrüchten, also eine wahre Eiweiß-Bombe. Sie können ebenso tiefgefrorene Dicke Bohnen und Erbsen nehmen. Vorgekochte Artischocken finden Sie in den meisten Supermärkten und Feinkostläden.

Die Erbsen, Dicken Bohnen und Zuckerschoten einige Minuten in kochendem Salzwasser blanchieren.

Öl, Essig und Knoblauch in einer großen Schüssel verquirlen. Die Erbsen und Bohnen gut abtropfen lassen und zusammen mit den Artischocken und Linsen noch heiß in das Dressing geben. Mit Salz und Pfeffer würzen. Umrühren und abkühlen lassen.

Sobald der Salat abgekühlt ist, die Minze hinzufügen. Den Baby-Spinat auf einer Servierplatte verteilen und mit der Mischung aus Erbsen, Bohnen, Artischocken und Linsen belegen. Mit Erbsensprossen bestreut servieren.

TIPP

Sollte Ihnen der Salat zu fleischlos sein, können Sie klein geschnittenen Prosciutto oder Salamistückchen daruntermischen.

MEERESFRÜCHTE-SALPICON

PORTIONEN: 4
VORBEREITUNGSZEIT: 30 MINUTEN
WF • GF • MF

250 g **Muschelfleisch**, gekocht
250 g **Riesengarnelen**, gekocht und geschält
100 g **weißes Krabbenfleisch**
1 **Zucchini**
½ **Gurke**
½ **Daikon-Rettich**
1 **Karotte**
Salz und **frisch gemahlener schwarzer Pfeffer**

DRESSING:
½ **rote Paprika**, entkernt und fein gewürfelt
½ **gelbe** oder **orange Paprika**, entkernt und fein gewürfelt
½ **Avocado**, fein gewürfelt
2 **Schalotten**, fein gehackt
1 **Knoblauchzehe**, zerdrückt
1 **rote Chilischote**, fein gehackt
1 EL **Reisweinessig**
1 EL **Limettensaft**
2 EL **Rapsöl**
1 TL **Ahornsirup**
1 EL **frischer Koriander**, fein gehackt
1 EL **frischer Schnittlauch**, fein gehackt

Ein Rezept, das bei einem Ausflug ans Meer keinesfalls fehlen darf.

Die Meeresfrüchte in einer großen Schüssel mischen.

Die Zutaten für das Dressing verrühren. Das Dressing unter die Meeresfrüchte heben. Bis zum Servieren abgedeckt in den Kühlschrank stellen.

Zucchini, Gurke, Daikon-Rettich und Karotte schälen und mit einem Sparschäler in Streifen schneiden. Vermischen und mit Salz und Pfeffer würzen.

Zum Servieren die marinierten Meeresfrüchte auf dem Gemüse anrichten.

TIPP

Für Salpicon eignen sich auch frische Muscheln in der Schale. Dann die Kochflüssigkeit der Muscheln einreduzieren lassen und zur Aromatisierung dem Dressing zufügen.

NICHTS FÜR FEIGLINGE

PORTIONEN: 4

VORBEREITUNGSZEIT: 15 MINUTEN • GARZEIT: 30 MINUTEN

V

150 g **Farro**
3 EL **Olivenöl**
1 großer **Radicchio**
1 EL **Balsamico-Essig**
1 **Knoblauchzehe**, zerdrückt
1 Prise **brauner Zucker**
1 EL **frischer Majoran**, fein gehackt
125 g **gemischte Salatblätter**
4 **Feigen**, geviertelt
Kerne von ½ **Granatapfel**
100 g **Blauschimmelkäse**, zerkrümelt
1 Handvoll **Kerbel**, zum Garnieren (optional)
Salz und **frisch gemahlener schwarzer Pfeffer**

\\\ TIPP ///

Um die Kerne aus dem Granatapfel zu lösen, legen Sie eine Hälfte mit der Schnittseite nach unten in ihre Handfläche (über einer Schüssel). Dann mit einem Nudelholz oder einem anderen schweren Gegenstand auf den Granatapfel klopfen. Die Kerne sollten nun problemlos herausfallen.

Ein Salat für die Tage, wenn sich der Herbst bereits ankündigt. Tiefe, reife Rottöne, die uns an fallende Blätter erinnern.

Den Farro waschen und mit ca. 500 ml Wasser in einen Topf geben. Eine Prise Salz zugeben und zum Kochen bringen. Ca. 25 Minuten köcheln lassen, bis der Farro gar ist, aber immer noch Biss hat. Gut abtropfen lassen, mit Salz und Pfeffer würzen und 1 Esslöffel Olivenöl unterrühren.

Den Radicchio in dünne Spalten schneiden. Währenddessen die Grillpfanne erhitzen. In einer großen Schüssel die übrigen 2 Esslöffel Olivenöl mit Essig, Knoblauch, Zucker und Majoran verquirlen.

Sobald die Grillpfanne heiß ist, die Radicchiospalten grillen, dabei portionsweise vorgehen. Der Radicchio sollte zusammenfallen und leicht anbräunen. Aus der Pfanne direkt in das Dressing geben und damit überziehen. Bei Bedarf würzen.

Um den Salat fertigzustellen, den Radicchio mit den Salatblättern auf einer Servierplatte anrichten. Den Farro darüber verteilen und das restliche Dressing vom Radicchio darüberträufeln. Zum Schluss mit den Feigen, den Granatapfelkernen und dem zerkrümelten Blauschimmelkäse garnieren und nach Belieben mit Kerbel bestreuen.

KLIPPFISCH MIT ARTISCHOCKEN

PORTIONEN: 4

VORBEREITUNGSZEIT: 30 MINUTEN • GARZEIT: 15 MINUTEN

WF • GF

500 g **Klippfisch**, 24 Stunden in Wasser eingelegt
ca. 400 ml **Milch**
4 EL **Olivenöl**, plus ein wenig extra für den Fisch
200 g **Topinambur**
2 EL **Zitronensaft**, plus ein wenig extra für Topinambur und Artischocken
2 große **Artischocken**
200 g **braune Champignons**, in dünne Scheiben geschnitten
125 g **Baby-Salatbläter**
Salz und **frisch gemahlener schwarzer Pfeffer**
Trüffelöl, zum Servieren
1 kleines Bund **frische glatte Petersilie**, zum Servieren

TIPP

Für selbst gemachten Klippfisch sehr frischen Fisch nehmen und sorgfältig trocken tupfen. Mit Salz bedecken und 48 Stunden in den Kühlschrank stellen. Für dieses Rezept eignet sich auch frischer, leicht gesalzener gegarter weißer Fisch.

Frische Artischocken sind manchmal schwer aufzutreiben und zudem aufwendig in der Zubereitung. Sie können stattdessen auch die fein geschnittenen vorgekochten Artischocken nehmen, die es in den meisten Feinkostläden gibt. Falls dem Klippfisch nach Fast Food ist.

Den Klippfisch gut abspülen, dabei Haut und Gräten entfernen. In einen Topf geben und mit der Milch bedecken. Bei niedriger Hitze pochieren, bis der Fisch gerade durch ist. Das sollte etwa 15 Minuten dauern, hängt jedoch von der Qualität des Klippfisches ab. Aus dem Topf nehmen und auf Küchenkrepp abtropfen lassen. Dann grob zerpflücken und in etwas Olivenöl wenden.

Die Topinamburen schälen. Etwas Wasser mit ein paar Tropfen Zitronensaft mischen und die Topinamburen hineinlegen. Die Artischocken vorbereiten. Dafür die äußeren Blätter abziehen und die Artischocke bis zum Herz zurückschneiden. Das Heu mit einem Teelöffel entfernen und den Boden der Artischocken ins Wasser zu den Topinamburen legen.

Die Topinamburen und Artischockenherzen entweder per Hand mit einem scharfen Messer oder mit einer Mandoline in feine Scheiben schneiden. Die Pilze und den Salat in eine große Schüssel geben und die Topinamburen und Artischocken unterheben, mit Salz und Pfeffer würzen und in Zitronensaft und Olivenöl marinieren.

Das Gemüse auf einer großen Servierplatte anrichten und mit den Fischstückchen belegen. Mit einigen Spritzern Trüffelöl beträufeln und mit etwas Petersilie bestreuen.

BROKKOLI AUF LACHS

PORTIONEN: 4
VORBEREITUNGSZEIT: 15 MINUTEN • GARZEIT: 40 MINUTEN
WF • GF

500–600 g **Lachsfilet**, enthäutet und entgrätet
1 EL **Olivenöl**
1 EL **frischer Rosmarin**, fein gehackt
250 g **violetter Brokkoli,** geputzt
2 **Chicorée**
100 g **Rucola**
Salz und **frisch gemahlener schwarzer Pfeffer**

SARDELLENSAUCE:
8 **Knoblauchzehen**, geschält
100 ml **Milch**
5 **Sardellenfilets**
50 g **weiche Butter**
2 EL **Olivenöl**, plus ein wenig extra für den Lachs

TIPP

Die Sardellensauce macht sich auch ausgezeichnet als Dip zu rohen Gemüsesticks.

Wenn Sie kein Fan von Sardellenfilets sind, dann funktioniert auch jedes andere Dressing auf Knoblauchbasis.

Für die Sauce den Knoblauch ca. 30 Minuten in Milch kochen, bis er weich ist. Sollte die Flüssigkeit anlegen, ein wenig Milch hinzufügen. Sobald der Knoblauch weich ist, zusammen mit der Milch, den Sardellenfilets und der Butter in der Küchenmaschine mixen. Währenddessen das Olivenöl einfließen lassen, bis ein sämiges Dressing entsteht.

Den Lachs mit dem Olivenöl einreiben und mit reichlich Salz und Pfeffer würzen. Eine Grillpfanne (oder den Grill) erhitzen, bis diese sehr heiß ist. Den Lachs mit Rosmarin bestreuen und hineinlegen. Von jeder Seite je nach Dicke des Fisches ca. 2 Minuten grillen, der Lachs sollte in der Mitte noch ein wenig rosa sein. Aus der Grillpfanne nehmen und abkühlen lassen.

Den Brokkoli in kochendem Salzwasser ca. 2 Minuten blanchieren, bis er weich ist. Abgießen und mit kaltem Wasser abspülen.

Chicorée, Rucola und Broccoli auf Tellern anrichten und mit Salz und Pfeffer würzen. Den Lachs in grobe Stücke zerpflücken und darauf arrangieren. Mit der Sardellensauce übergießen.

WINTERGEMÜSESALAT

PORTIONEN: 4
VORBEREITUNGSZEIT: 25 MINUTEN • GARZEIT: 40 MINUTEN
WF • GF • V

1,2 kg **gemischtes Wintergemüse**
2 EL **Olivenöl**
Chermoula (siehe Seite 219)
100 g **Brunnenkresse**
100 g **Labneh**
4 EL **LEON-Röstkerne** (siehe Seite 215)
1 EL **frische Minze** und **frischer Koriander**, gemischt, fein gehackt
Salz und **frisch gemahlener schwarzer Pfeffer**

Als Gemüse für diesen Salat eignet sich eine bunte Mischung aus Wintersorten, wie Pastinaken, Karotten, Speiserüben und Kürbis. Wenn Sie Rote Bete verwenden, schneiden Sie diese in kleinere Stücke als das übrige Gemüse, da sie länger garen muss.

Den Ofen auf 170 °C vorheizen.

Das Gemüse schälen und in Stücke oder Scheiben schneiden. In Olivenöl wenden und mit Salz und Pfeffer würzen. Ca. 40 Minuten backen, bis das Gemüse weich ist.

Während das Gemüse gart, das Dressing zubereiten und in eine große Schüssel geben.

Sobald das Gemüse gar ist, noch heiß mit dem Dressing mischen. Gut verrühren, dann abkühlen lassen.

Das abgekühlte Gemüse mit der Brunnenkresse vermischen, mit einem Löffel Labneh garnieren und mit den Körnern und Kräutern bestreut servieren.

TIPP

Wenn Sie Ihr eigenes Labneh machen wollen, rühren Sie eine gute Prise Salz in Naturjoghurt. Ein Sieb mit einem Mulltuch auslegen und auf eine Schüssel setzen. Den Joghurt hineingeben und über Nacht im Kühlschrank stehen lassen.

FRUCHTIGES BRATHÄHNCHEN

PORTIONEN: 4

VORBEREITUNGSZEIT: 20 MINUTEN • GARZEIT: 10 MINUTEN

MF

2 EL **Rosinen**
2 EL **guter Weißweinessig**, z. B. **Muskatelleressig**
4 EL **Olivenöl**
1 **Knoblauchzehe**, zerdrückt
1 EL **frischer Schnittlauch** und **Estragon**, gemischt, fein gehackt
½ **altbackenes Ciabatta**
½ **Brathähnchen**, mit dem dazugehörigen Bratensaft
1 Bund **Frühlingszwiebeln** oder 2 **Schalotten**, fein gehackt
3 EL **Pinienkerne**, geröstet
200 g **grüne Trauben**, halbiert
150 g **Rucola**
Salz und **frisch gemahlener schwarzer Pfeffer**

TIPP

Schnittlauchblüten geben eine hübsche Garnitur ab.

Sowohl Trauben als auch Rosinen zu verwenden, gleicht einer Wiedervereinigung von Großeltern und Enkelkindern. Ein fröhliches Fest. Dieses Rezept basiert auf dem Klassiker des Zuni-Cafés in San Francisco.

Den Ofen auf 200 °C vorheizen.

Die Rosinen mit sehr heißem Wasser bedecken und stehen lassen. Für das Dressing Weißweinessig, Olivenöl, Knoblauch und gehackte Kräuter vermischen und gut würzen.

Das altbackene Brot in 2–3 cm große Stücke teilen. Auf einem Backblech verteilen und im Ofen 5–10 Minuten backen, bis das Brot leicht braun und knusprig ist. Aus dem Ofen nehmen und mit der Hälfte des Dressings und dem Bratensaft in eine Schüssel geben.

Die Rosinen abtropfen lassen und ebenfalls in die Schüssel geben. Die Frühlingszwiebeln oder Schalotten sowie die Pinienkerne untermengen.

Das Fleisch vom Brathähnchen zupfen oder grob hacken. Mit den Trauben, dem Rucola und dem übrigen Dressing vermischen. Unter den Brotsalat heben und sofort servieren.

KNUSPRIGE ENTE

PORTIONEN: 4

VORBEREITUNGSZEIT: 20 MINUTEN • GARZEIT: 35 MINUTEN

WF • GF • MF

½ TL **Fünf-Gewürze-Pulver**
2 große **Entenbrüste**
1 **Süßkartoffel**, geschält
2 EL **Olivenöl**
4 gekochte **Rote Beten**, geschält und in Spalten geschnitten
150 g **Frisée-Salat**
1 **Orange**, am besten Blutorange, filetiert
4 **Radieschen**, in Scheiben geschnitten
Salz und **frisch gemahlener schwarzer Pfeffer**

DRESSING:
1 EL **Orangenmarmelade**
2 EL **Orangensaft**
1 EL **Reisweinessig**
1 TL **Ingwer**, fein gerieben
2 EL **Olivenöl**

\\\\ TIPP ////

SO GAREN SIE ROTE BETE:
Stiel entfernen, waschen und mit einem guten Schuss Olivenöl und 50 ml Wasser auf ein Backblech geben. Mit Salz und Pfeffer würzen und, mit Alufolie bedeckt, bei 180 °C ca. 1 Stunde backen. Dann lässt sich die Schale leicht entfernen.

Die Süßkartoffelchips sind so verführerisch, dass man besser gleich die doppelte Menge macht, um schon während der Zubereitung „nur mal probieren" zu können.

Das Fünf-Gewürze-Pulver in Haut und Fleisch der Entenbrüste reiben und diese mit der Hautseite nach unten in eine kalte Bratpfanne legen. Die Herdplatte einschalten und die Ente 6 Minuten von dieser Seite garen, um das Fett auszulassen und die Haut knusprig-braun zu braten. Fett entfernen, die Entenbrust wenden und weitere 5 Minuten bei mittlerer Temperatur braten. Aus der Pfanne nehmen und 10 Minuten ruhen lassen.

Während die Ente gart, den Ofen auf 200 °C vorheizen. Die Süßkartoffeln mit einem Sparschäler oder einem Spiralschneider in lange Streifen schneiden. Im Olivenöl wenden und mit Salz und Pfeffer würzen. Auf ein Backblech legen und im Ofen ca. 20 Minuten backen. Dabei gelegentlich wenden, damit die Streifen gleichmäßig braun und knusprig werden. Aus dem Ofen nehmen und auf Küchenkrepp abtropfen lassen.

Die Zutaten für das Dressing verquirlen und bei Bedarf mit Salz und Pfeffer nachwürzen. Die Rote Bete in etwas Dressing wenden und würzen.

Den Frisée-Salat mit dem Dressing anmachen und auf einer Servierplatte anrichten. Die Entenbrüste diagonal aufschneiden und zusammen mit der Roten Bete, den Orangenfilets und den Radieschen auf dem Salat verteilen. Mit den knusprigen Süßkartoffeln garnieren.

SPARGEL, KARTOFFELN & KRABBE

PORTIONEN: 4

VORBEREITUNGSZEIT: 15 MINUTEN • GARZEIT: 5 MINUTEN

WF • GF • MF

250 g **Spargel**, geputzt
200 g **neue Kartoffeln**, gekocht
1 EL **Olivenöl**
250 g **weißes Krabbenfleisch**
100 g **gemischte Salatblätter**
Salz und **frisch gemahlener schwarzer Pfeffer**

EIER-VINAIGRETTE:
2 **Eier**
2 **Schalotten**, fein gehackt
1 EL **frischer Estragon**, fein gehackt
1 EL **frische glatte Petersilie**, fein gehackt
1 EL **frischer Schnittlauch** und **Kerbel**, gemischt, fein gehackt
50 ml **Rapsöl**
50 ml **leichtes Olivenöl**
Zitronensaft, zum Abschmecken

Diese Dressing-Methode ist nahezu idiotensicher. Die Emulsion sollte nicht gerinnen, wenn Sie die Eier für ein paar Minuten kochen (siehe Mayonnaise-Methode, Seite 218).

Den Spargel einige Minuten blanchieren, bis er weich ist. Abgießen und mit Salz und Pfeffer würzen. Die Kartoffeln in Scheiben schneiden, dann in Olivenöl wenden und mit Salz und Pfeffer würzen.

Für das Dressing die Eier zunächst 3 Minuten kochen. Das flüssige Eigelb dann rasch in die Küchenmaschine gießen, die Schalotte und die Kräuter hinzufügen und alles mixen. Das gekochte Eiweiß aufbewahren. Langsam die beiden Ölsorten einfließen lassen, damit eine Emulsion entsteht, würzen und nach Belieben Zitronensaft hinzufügen. Das Eiweiß fein hacken und in das Dressing rühren.

Den Spargel zusammen mit den Kartoffeln, dem Salat und den Krabben auf einer Servierplatte anrichten und mit etwas Dressing beträufeln. Das übrige Dressing dazu servieren.

TIPP

Das Dressing passt auch gut zu Hummer oder gegrilltem Lauch.

NUSSIGE KLEMENTINE

PORTIONEN: 4
VORBEREITUNGSZEIT: 15 MINUTEN
WF • GF • V

Kerne von 1 **Granatapfel**
2 **Klementinen**, geschält und in Stücke geteilt
50 g **geröstete Walnüsse** (siehe Seite 214)
1 **Avocado**, in Scheiben geschnitten
100 g **Rucola**
Blätter von 1 **Radicchio**
150 g **Ricotta**
3 EL **Orientalisches Dressing** (siehe Seite 216)
Salz und **frisch gemahlener schwarzer Pfeffer**

Dieser Salat strotzt nur so vor lauter unterschiedlichen Aromen und Konsistenzen, und er sorgt mit Sicherheit dafür, dass Sie als absolutes Salat-Genie gelten, wenn Sie damit auftrumpfen. Aus genau diesem Grund haben wir ihn in dieses Buch aufgenommen.

Alle Zutaten für den Salat, ausgenommen den Ricotta, in eine große Schüssel geben und mit Salz und Pfeffer würzen. Das Dressing zusammenmischen und unter den Salat heben.

Auf einer Servierplatte anrichten und vor dem Servieren den Ricotta in kleinen Klecksen daraufsetzen.

TIPP

Unbedingt „Oh my darling, Clementine" singen, während Sie diesen Salat zubereiten. Sie können die Klementinen auch durch Satsumas oder Mandarinen ersetzen und Ihr eigenes Lied dazu erfinden. Uns gefällt die Version von Dolly Parton am besten.

THAILÄNDISCHER TINTENFISCHSALAT

PORTIONEN: 4
VORBEREITUNGSZEIT: 20 MINUTEN • GARZEIT: 10 MINUTEN
WF • GF • MF

1 EL **Tamarindenpaste**
2 EL **Fischsauce**
2 EL **Palmzucker**
1 **Knoblauchzehe**, zerdrückt
1 **rote Chilischote**, fein gehackt
600 g **Tintenfisch**, küchenfertig
3 EL **Sonnenblumenöl**
1 Prise **Cayenne-Pfeffer**
2 **Eier**, verquirlt
1 EL **Reisessig**
1 Prise **Zucker**
2 **Karotten**, in feine Stifte geschnitten
½ **Gurke**, in Stifte geschnitten
100 g **Bohnensprossen**
1 Bund **Frühlingszwiebeln**, fein gehackt
1 Bund **frischer Schnittlauch**, in 3 cm lange Stücke geschnitten
3 EL **frischer Koriander**, grob gehackt
70 g **geröstete Erdnüsse**, grob gehackt
2 **Limetten**, geviertelt, zum Servieren

TIPP

Wenn Sie anstelle des Tintenfisches in Streifen geschnittenen Daikon-Rettich nehmen und die Fischsauce durch ein wenig Tamarindenpaste ersetzen, wird dieser Salat vegetarisch.

Der Tintenfisch wird zu Nudeln und bildet damit eine sehr gute Grundlage für diese Abwandlung eines klassischen Pad Thai.

Für das Dressing die ersten 5 Zutaten vermischen und so lange rühren, bis sich der Zucker aufgelöst hat.

Die Tintenfischmäntel aufschneiden und in feine Streifen oder „Nudeln" schneiden. Das Öl in einer großen Pfanne oder einem Wok erhitzen und den Tintenfisch portionsweise unter ständigem Rühren anbraten, bis er gerade gar ist. Mit Cayenne-Pfeffer würzen.

Den Tintenfisch zum Dressing geben und abkühlen lassen.

Die Eier mit dem Essig und einer Prise Zucker verquirlen. Die Mischung in eine Pfanne gießen, schwenken und garen, bis das Ei gerade so stockt. Aus der Pfanne nehmen und in Streifen schneiden.

In einer großen Schüssel alle übrigen Zutaten und Kräuter vermischen. Den Tintenfisch und das Dressing unterrühren, mit den Erdnüssen bestreuen und mit den Limettenspalten servieren.

AND THE BETE GOES ON

PORTIONEN: 4
VORBEREITUNGSZEIT: 15 MINUTEN
WF • GF • V

300 g **Rote Bete**, geschält
5 **Karotten**, geschält
1 kleiner **Daikon-Rettich**
6 **Radieschen**
100 g **Brunnenkresse**
2 **Orangen**, filetiert
70 g **Feta**, zerkrümelt
2 EL **frische Minze**, fein gehackt
1 EL **frischer Dill**, fein gehackt

DRESSING:
100 g **Pistazien**, grob gehackt
abgeriebene Schale und Saft von 1 **Orange**
1 **rote Chilischote**, fein gehackt
1 **Knoblauchzehe**, zerdrückt
2 EL **marinierte rote Zwiebeln** (siehe Seite 218)
3 EL **Olivenöl**
1 TL **Balsamico-Essig**
Salz und **frisch gemahlener schwarzer Pfeffer**

Schneiden Sie das Gemüse sehr dünn, dann kann es das schwungvolle Dressing besser aufnehmen. Bringt die Geschmacksknospen zum Singen.

Das Gemüse entweder hobeln oder in dünne Scheiben schneiden. Die Karotten und der Daikon-Rettich können mithilfe eines Sparschälers geschnitten werden. Ebenso die Rote Bete, obwohl sie sich womöglich besser mit dem Messer in Scheiben schneiden lässt. Die Radieschen ebenfalls in dünne Scheiben schneiden.

Die Zutaten für das Dressing vermischen und unter das Gemüse heben. Mit Salz und Pfeffer würzen.

Die Brunnenkresse auf einer Servierplatte anrichten und das Gemüse darauf verteilen. Mit den Orangenspalten, dem Feta und den Kräutern abschließen.

TIPP

Das Dressing passt auch zu Rote Bete, Karotten und Kürbis aus dem Ofen.

KOKOSNUSS-KINILAW

PORTIONEN: 4

VORBEREITUNGSZEIT: 30 MINUTEN (plus Zeit zum Marinieren)

WF • GF

500 g **frischer Fisch**, z. B. **Flügelbuttfilets**, enthäutet
1 **rote Zwiebel**, in feine Ringe geschnitten
½ TL **Salz**
100 ml **Kokosessig**
½ **rote Paprika**, fein gewürfelt
½ **gelbe Paprika**, fein gewürfelt
4 **Frühlingszwiebeln**, in Ringe geschnitten
¼ **Gurke**, geschält und fein gewürfelt
1 **rote Chilischote**, fein gehackt
50 g **Creamed Coconut**
120 ml heiße **Milch** oder **Kokoswasser**
½ **Knoblauchzehe**, zerdrückt
1 TL **Ingwer**, fein gerieben
1 Prise **Cayenne-Pfeffer**
½ TL **Kurkuma**
100 g **Brunnenkresse**
1 reife **Mango**, in Würfel geschnitten
frische Korianderblätter, zum Servieren

TIPP

Anstelle des Flügelbutts können Sie auch jeden anderen weißfleischigen Fisch nehmen.

Auf den Philippinen wird Kokosessig traditionell zum „Garen" von Fisch eingesetzt – wenngleich dabei keine Hitze im Spiel ist, hat die Säure des Essigs den gleichen Effekt. Wenn Sie ihn nicht auftreiben können, nehmen Sie stattdessen Zitronen- oder Limettensaft.

Sämtliche Gräten aus dem Fisch entfernen und das Fleisch in 1 cm große Stücke schneiden. Zusammen mit den Zwiebeln, dem Salz und Essig in ein Gefäß aus Glas oder Edelstahl legen, das nicht mit der Salz-Essig-Mischung reagiert. Umrühren und abgedeckt für 30 Minuten in den Kühlschrank stellen. Wenn Sie Zitronen- oder Limettensaft anstelle des Kokosessigs verwenden, nur 15 Minuten ziehen lassen.

Während der Fisch im Kühlschrank ist, Paprika, Frühlingszwiebeln, Gurke und Chili in einer Schüssel vermischen. Sobald der Fisch fertig „gegart" ist, abtropfen lassen und mit dem gewürfelten Gemüse mischen.

Die Creamed Coconut reiben und mit der heißen Milch oder dem Kokoswasser sowie mit Knoblauch, Ingwer, Cayenne-Pfeffer und Kurkuma pürieren. Abkühlen lassen.

Zum Servieren die Brunnenkresse und etwas Mango auf einer Servierplatte anrichten. Den Fisch und das gewürfelte Gemüse darauf verteilen, mit dem Dressing beträufeln und mit der restlichen Mango und den Korianderblättern bestreuen.

AUBERGINEN-KISIR

PORTIONEN: 4

VORBEREITUNGSZEIT: 20 MINUTEN • GARZEIT: 20 MINUTEN

V

250 g **Bulgur**
1 **rote Zwiebel**, fein gehackt
1 Prise **Kreuzkümmel**
1 EL **rote Paprikapaste**
1 TL **Tomatenmark**
½ TL **Salz**
2 EL **Olivenöl**
1 EL **Granatapfelsirup**
2 EL **Zitronensaft**
4 **Frühlingszwiebeln**, fein gehackt
4 **Tomaten**, enthäutet und fein gehackt
½ **Gurke**, geschält, entkernt und gewürfelt
2 EL **frische glatte Petersilie**, fein gehackt
1 **Aubergine**, in Scheiben geschnitten
100 g **Brunnenkresse** (optional)
Salz und **frisch gemahlener schwarzer Pfeffer**

DRESSING:
200 ml **Naturjoghurt**
2 EL **Tahini**
1 **Knoblauchzehe**, zerdrückt
2 EL **Zitronensaft**
2 EL **frische Minze**, fein gehackt

Dieser Salat ist ein traditionelles türkisches Gericht, das für gewöhnlich als Beilage oder Mezze serviert wird. Perfekt, um mit Freunden zu feiern.

Den Bulgur mit Zwiebeln, Kreuzkümmel, Paprikapaste, Tomatenmark, Salz und 1 Esslöffel Olivenöl gründlich vermischen. Dann 200 ml kochendes Wasser darübergießen, einmal umrühren und mit Frischhaltefolie abdecken. 15 Minuten stehen lassen, dann auflockern. Den Granatapfelsirup, den Zitronensaft und das gehackte Gemüse sowie die Petersilie unterrühren. Abkühlen lassen.

Eine Grillpfanne erhitzen. Die Auberginenscheiben im übrigen Olivenöl wenden und von jeder Seite 1 Minute grillen, bis sie weich sind. Mit Salz und Pfeffer würzen.

Für das Dressing Joghurt, Tahini, Knoblauch und Zitronensaft pürieren. Mit Salz und Pfeffer abschmecken, dann die gehackte Minze unterrühren.

Auf einer Servierplatte abwechselnd eine Auberginenscheibe, einen Löffel Bulgur und einen Löffel Dressing zu einem Türmchen aufschichten. Mit der Brunnenkresse bestreuen und mit dem übrigen Dressing beträufeln.

TIPP

Wenn Sie keine rote Paprikapaste bekommen, können Sie diese auch selber machen. Dafür geröstete und geschälte rote Paprikas mit Knoblauch, Chili und Olivenöl pürieren. Auch ein Teelöffel Harissa eignet sich als Ersatz.

MEXIKANISCHER SALAT

PORTIONEN: 4
VORBEREITUNGSZEIT: 20 MINUTEN • GARZEIT: 40 MINUTEN

3 **Maiskoben**, mit Hüllblättern
1 **rote Paprika**
1 **orange Paprika**
1 EL **Olivenöl**
200 g **Chorizo**, in Scheiben geschnitten
2 **Maistortillas**
1 **Avocado**, in Stücke geschnitten
100 g **kleine Tomaten**, in Scheiben geschnitten
150 g **Baby-Salatblätter**
frische Korianderblätter, zum Garnieren

DRESSING:
2 TL **Chipotle-Sauce**
3 EL **Olivenöl**
2 EL **Limettensaft**
½ **Knoblauchzehe**, zerdrückt
1 Prise **Kreuzkümmel**
1 EL **frischer Koriander**, fein gehackt

TIPP

Zusammen mit den Tortillastreifen können Sie auch gebackene Halloumiwürfel (siehe Seite 215) auf den Salat streuen.

Der perfekte Salat für ein Barbecue mit Freunden und Familie. Auch ohne Freunde und Familie ist er perfekt.

Die Maiskolben samt Hüllblättern 10 Minuten in Wasser einweichen. Abtropfen lassen, dann – immer noch in der Hülle – 15 Minuten auf dem Grill oder in einer Grillpfanne grillen, bis die Körner weich sind. Abkühlen lassen, dann die Maiskörner in langen Streifen vom Kolben schneiden.

Die Paprikas halbieren und entkernen. Nochmals halbieren und auf dem Grill oder in der Grillpfanne für einige Minuten in der Hälfte des Olivenöls grillen, bis sie leicht braun sind. In Streifen schneiden.

Den Ofen auf 170 °C vorheizen.

Die Chorizo-Scheiben in einer Bratpfanne im übrigen Olivenöl bei mittlerer Hitze braten, bis sie leicht braun sind. Die Tortillas in Streifen schneiden und im Ofen 10 Minuten goldbraun und knusprig rösten.

Die Zutaten für das Dressing verquirlen und mit Salz und Pfeffer würzen.

In einer großen Schüssel Mais, Chorizo, Paprika, Avocado und Tomaten vermischen. Mit dem Dressing übergießen, dann auf einer großen Servierplatte mit den Salatblättern mischen. Mit den Tortillastreifen garnieren und mit den Korianderblättern bestreuen.

ROTKOHL MIT SPECK & ZIEGENKÄSE

PORTIONEN: 4

VORBEREITUNGSZEIT: 15 MINUTEN • GARZEIT: 25 MINUTEN

WF • GF

100 g **durchwachsener Räucherspeck**, in 1–2 cm große Stücke geschnitten
1 EL **Olivenöl**
2 **rote Zwiebeln**, in Ringe geschnitten
2 EL **Balsamico-Essig**
2 TL **brauner Zucker**
½ **Rotkohl**, gerieben
2 **Äpfel**, entkernt und gewürfelt
50 g **geröstete Haselnüsse**, grob gehackt
2 EL **frische glatte Petersilie**, fein gehackt
100 g **Ziegenkäse**, zerkrümelt
Salz und **frisch gemahlener schwarzer Pfeffer**

Ein Salat für die Zeit, wenn der Schnee leise rieselt. Treibstoff für die weihnachtlichen Festtage. Kann sowohl warm als auch lauwarm genossen werden.

In einem großen Topf die Speckstückchen leicht in Olivenöl anbräunen. Mit einem Schaumlöffel herausheben und auf Küchenkrepp abtropfen lassen.

Die Zwiebeln zusammen mit dem Balsamico, dem Zucker und einer guten Prise Salz in den Topf geben. Einige Minuten unter ständigem Rühren braten, bis die Zwiebeln weich sind. Den Rotkohl hinzufügen und unter Rühren ca. 10 Minuten garen, bis er zusammenfällt.

Mit Salz und Pfeffer würzen und weitere 5 Minuten garen. Den Topf vom Herd nehmen und abkühlen lassen, bis der Inhalt lauwarm ist. Die übrigen Zutaten, zusammen mit dem gebratenen Speck, hinzufügen und servieren.

TIPP

Anstelle von Haselnüssen und Ziegenkäse können Sie auch Walnüsse und Feta verwenden.

LAMM & ZUCKERSCHOTEN

PORTIONEN: 4

VORBEREITUNGSZEIT: 20 MINUTEN (plus Zeit zum Marinieren) • **GARZEIT: 10 MINUTEN**

WF • GF • MF

2 **Steaks von der Lammkeule** (à 200 g)
3 EL **Olivenöl**
2 EL **Zitronensaft**
½ TL **frisch gemahlener schwarzer Pfeffer**
100 g **Baby-Spinat**
½ **Radicchio**, grob zerteilt
200 g **Zuckerschoten**, klein geschnitten
150 g **frische Dicke Bohnen**

SALSA VERDE:
1 **Knoblauchzehe**, zerdrückt
1 EL **Kapern**, die Flüssigkeit ausgedrückt
3 **Sardellenfilets**
1 Bund **frische glatte Petersilie**
2 Zweige **frische Minze**
1 TL **Dijon-Senf**
1 EL **Rotweinessig**
100 ml **Olivenöl**, plus ein wenig extra zum Servieren
Salz und **frisch gemahlener schwarzer Pfeffer**

TIPP

Wenn Sie Reste vom Lammbraten verwenden, diese in dünne Scheiben schneiden und mit ein wenig Salsa verde vermischen.

Ein tolles Rezept, um die Reste eines Lammbratens aufzubrauchen.

Die küchenfertigen Lammsteaks für mindestens 1 Stunde in Olivenöl, Zitronensaft und schwarzem Pfeffer marinieren.

Spinatblätter und Radicchio in eine große Schüssel geben. Die Zuckerschoten und die Dicken Bohnen in kochendem Wasser blanchieren, bis sie weich sind, dann unter kaltem Wasser abschrecken und gut abtropfen lassen. Mit Salz und Pfeffer würzen und ebenfalls in die Schüssel zum Salat geben.

Für die Salsa verde Knoblauch, Kapern, Sardellenfilets, Petersilie und Minze in der Küchenmaschine zerkleinern oder von Hand hacken. In eine Schüssel geben und den Senf sowie den Essig unterrühren. Das Olivenöl langsam zugießen, bis eine glatte Paste entstanden ist. Mit Salz und Pfeffer abschmecken.

Eine Grillpfanne erhitzen. Die Lammsteaks von jeder Seite 2 Minuten grillen, oder länger, falls das Fleisch recht dick ist. Für 5 Minuten stehen lassen, dann in 1–2 cm große Würfel schneiden.

Den Salat mit etwas Olivenöl beträufeln und auf einer Servierplatte anrichten. Die Lammfleischstücke mit der Salsa verde überziehen und unter den Salat heben.

WASABI-STEAK

PORTIONEN: 4

VORBEREITUNGSZEIT: 15 MINUTEN (plus Zeit zum Marinieren) • **GARZEIT: 5 MINUTEN**

MF

2 EL **Mirin**
2 EL **Sojasauce**
1 TL **brauner Zucker**
1 TL **Sesamöl**
400 g **Sirloin-** oder **Rumpsteak**, in 1–2 cm dicke Scheiben geschnitten
1 EL **Rapsöl**
150 g **Brunnenkresse** oder **Erbsensprossen**
200 g **Spargel**, gehobelt
150 g **Edamame-Bohnen**, gekocht
1 Bund **Frühlingszwiebeln**, in Streifen geschnitten
1 EL **schwarze Sesamkörner**
1 EL **Sesamkörner**

DRESSING:
2 TL **Wasabipaste**
1 EL **Sojasauce**
2 EL **Reisessig**
1 EL **leichtes Olivenöl**
1 TL **brauner Zucker**

Ein wahres Umami-Rezept. Es spricht Geschmacksknospen an, von deren Existenz Ihre Gäste bisher nichts geahnt haben.

Aus Mirin, Sojasauce, braunem Zucker und Sesamöl eine Marinade herstellen. Diese zusammen mit dem in Scheiben geschnittenen Steak in einen wiederverschließbaren Beutel geben und für 1 Stunde oder über Nacht stehen lassen.

Die Zutaten für das Dressing verquirlen.

In einer großen Pfanne oder einem Wok das Rapsöl erhitzen, dann die Steakscheiben vorsichtig aus der Marinade heben und für 1 Minute unter ständigem Rühren rasch anbraten. Aus der Pfanne nehmen und 5 Minuten ruhen lassen.

Brunnenkresse, Spargel und Edamame-Bohnen mit dem Dressing vermischen. Zusammen mit dem Steak auf einer Servierplatte anrichten und mit Frühlingszwiebeln und Sesamkörnern garnieren.

TIPP

Der Spargel-Edamame-Salat harmoniert auch fantastisch mit einem schlichten gegrillten Steak, Lamm oder Hühnchen.

ITALIENISCHES HÜHNCHEN

PORTIONEN: 4
VORBEREITUNGSZEIT: 15 MINUTEN
WF • GF

300 g **Hühnerschenkel**, gekocht und in Scheiben geschnitten
125 g **Rucola**
1 Bund **Staudensellerie**, die hellen, zarten inneren Stangen in dünne Scheiben geschnitten
100 g **Puy-Linsen**, gekocht
100 g **Coppa di Parma** in Scheiben, zerzupft
50 g **Grana Padano**, gehobelt
Salz und **frisch gemahlener schwarzer Pfeffer**

DRESSING:
1 EL **Kapern**, in kaltem Wasser eingeweicht, abgetropft und gehackt
1 EL **Mostarda-Früchte**, klein geschnitten
1 EL **frische Minze**, zerzupft
1 EL **Balsamico-Essig**
3 EL **Olivenöl**

Mostarda ist eine italienische Spezialität – in Zucker und Senföl eingelegte Früchte. Sollten Sie diese nicht auftreiben können, tut es auch jede andere Art von Trockenobst, beispielsweise getrocknete Birnen.

Die Zutaten für das Dressing verrühren.

Das Hühnchen mit Rucola, Sellerie und Linsen vermischen und gut würzen, dann die Hälfte des Dressings unterrühren.

Auf Tellern anrichten und Coppa di Parma und Grana Padano darauf verteilen. Mit dem restlichen Dressing beträufeln.

\\\ TIPP ///

SO KOCHEN SIE PUY-LINSEN:
- In einem Sieb waschen und abtropfen lassen.
- In einen Topf geben und 3 cm hoch mit Wasser (oder Brühe) bedecken.
- Einige Knoblauchzehen und Kräuterzweige, wie Salbei oder Rosmarin, hinzufügen.
- Etwa 20 Minuten köcheln lassen, bis die Linsen gerade weich sind.
- Abgießen und noch heiß mit Salz und Pfeffer würzen.
- In Olivenöl schwenken.

CHINESISCHER WOHLFÜHLSALAT

PORTIONEN: 4
VORBEREITUNGSZEIT: 20 MINUTEN (plus Zeit zum Einweichen)
MF • V • VE

25 g **Arame-Algen**
150 g **Daikon-Rettich**, gerieben
2 **Karotten**, gerieben
¼ **Gurke**, entkernt und in dünne Scheiben geschnitten
100 g **Shiitake-Pilze**, in dünne Scheiben geschnitten
1 Bund **Frühlingszwiebeln**, fein gehackt
1 Handvoll **Bohnensprossen**
2 EL **Sesamkörner**, geröstet
Senfkresse, zum Servieren

DRESSING:
1 EL **Sojasauce**
1 EL **Reisessig**
1 TL **brauner Zucker** oder **Palmzucker**
1 TL **Sesamöl**
1 TL **Ingwer**, gerieben
1 EL **Koriander**, fein gehackt

TIPP

Auch andere getrocknete Algen eignen sich dafür – Meeresspaghetti (Seetang) haben ein sehr feines Aroma.

Noch mehr Nährstoffe in einem Salat sind fast nicht möglich. Algen und Shiitake-Pilze enthalten so viele Vitamine und Mineralstoffe, dass sie in Ostasien seit Jahrtausenden für medizinische Zwecke eingesetzt werden. Also gut essen und gut fühlen.

Die Algen mit reichlich warmem Wasser bedecken. 30 Minuten stehen lassen, dann unter kaltem Wasser abspülen und abgießen.

Die Zutaten für das Dressing verquirlen und das Gemüse vorbereiten.

Das Gemüse in einer großen Schüssel vermischen und das Dressing unterheben. Mit den Sesamkörnern und der Senfkresse bestreut servieren.

ESSEN FÜR DIE FAMILIE

KÜRBIS MIT CHILI, HUMMUS & FETA-DRESSING

PORTIONEN: 4
VORBEREITUNGSZEIT: 15 MINUTEN • GARZEIT: 35 MINUTEN
WF • GF • V

- 1 **Butternut-Kürbis**
- 3 EL **Olivenöl**
- 1 EL **Kreuzkümmelsaat**, geröstet und gemahlen
- 2 **rote Chilischoten**, in Ringe geschnitten
- 3 **Knoblauchzehen**, in Scheibchen geschnitten
- 4 **Frühlingszwiebeln**, in Ringe geschnitten
- 2 EL **Zitronensaft**
- 50 g **Rucola**
- 100 g **Hummus**
- 2 EL **LEON-Röstkerne** (siehe Seite 215)
- **Salz** und **frisch gemahlener schwarzer Pfeffer**

DRESSING:

- 100 g **Feta**
- 2 EL **Rotweinessig**
- 1 EL **frische Minze**, fein gehackt
- 2 EL **Olivenöl**

TIPP

Für die Extraportion Biss mit gerösteten Kichererbsen (siehe Seite 215) bestreuen.

Diese mediterrane Wonne lässt sich unheimlich rasch zubereiten und macht jede Mahlzeit zu einem Fest.

Den Ofen auf 180 °C vorheizen

Den Kürbis halbieren und die Kerne und Fasern entfernen. Jede Hälfte in 4 Spalten schneiden. Mit 1 Esslöffel Olivenöl sowie mit gemahlenem Kreuzkümmel, Salz und Pfeffer einreiben. Auf ein Backblech legen und 30 Minuten im Ofen backen. Nach der Hälfte der Zeit wenden. Abkühlen lassen.

Die übrigen 2 Esslöffel Olivenöl in einer Bratpfanne erhitzen und Chilis, Knoblauch und Frühlingszwiebeln anbraten, bis der Knoblauch beginnt, Farbe anzunehmen. Durch ein Sieb abgießen, das Öl dabei auffangen. Dieses mit dem Zitronensaft mischen und beiseite stellen.

Für das Feta-Dressing den Käse mit dem Essig und der Minze zerdrücken. Das Olivenöl unterrühren und mit ca. 50 ml Wasser zur gewünschten Konsistenz verdünnen. Mit Salz und Pfeffer würzen.

Die Kürbisspalten zusammen mit dem Rucola auf einer Servierplatte anrichten. Öl und Zitrone unter den Hummus mischen und über den Salat träufeln. Mit gebratenen Chilis, Knoblauch und Zwiebeln bestreuen und das Feta-Dressing darüber verteilen. Mit LEON-Röstkernen garnieren.

SCHWEINEBAUCH MIT APFEL-WALNUSS-DRESSING

PORTIONEN: 4

VORBEREITUNGSZEIT: 30 MINUTEN • GARZEIT: 1 STUNDE 15 MINUTEN

WF • GF • MF (**MF** nur mit glutenfreier Brühe)

400 g **Schweinebauch**, in Scheiben
200 ml **Hühnerbrühe**
1 EL **Sonnenblumenöl**
1 EL **frischer Rosmarin**, fein gehackt
2 **Fenchelknollen**, geputzt
1 EL **Olivenöl**
200 g **Grüne Bohnen**, gekocht
2 **Äpfel**, entkernt und gewürfelt
200 g **violetter Brokkoli**, geputzt und gekocht
4 EL **Walnussdressing** (siehe Seite 219)
50 g **Rucola**
1 Handvoll **Walnüsse**, geröstet, zum Garnieren
Salz und **frisch gemahlener schwarzer Pfeffer**

\\\ TIPP ///

Für diesen Salat können Sie auch gebratene Schweinebauchstückchen verwenden. Oder Sie grillen die Schweinebauchscheiben auf einem Kontaktgrill. Dann ist jedoch Vorsicht geboten, da eine große Menge Fett aus dem Fleisch tritt.

Dass wir auch einen Salat mit Sonntagsbraten im Programm haben, hätten Sie wohl nicht gedacht. Natürlich haben wir das.

Die Schweinebauchscheiben 1 Stunde in der Hühnerbrühe garen, bis sie weich sind. Darauf achten, dass das Fleisch die ganze Zeit vollständig mit Brühe bedeckt ist – bei Bedarf Wasser nachgießen. Das Fleisch aus dem Topf heben, gut abtropfen lassen und mit Küchenkrepp trocken tupfen. Die Haut entfernen und in 3–4 cm große Stücke schneiden.

Das Sonnenblumenöl bei sehr hoher Temperatur in einem Wok erhitzen. Die Schweinefleischstücke hineingeben, mit Salz und Pfeffer würzen und unter ständigem Rühren anbraten, bis sie knusprig sind. Kurz bevor Sie das Schweinefleisch aus dem Wok nehmen, mit Rosmarin bestreuen und umrühren, dann mit einem Schaumlöffel herausheben.

Den Fenchel mit einer Mandoline fein hobeln und mit dem Olivenöl vermengen. Eine Grillpfanne erhitzen und den Fenchel darin portionsweise rasch zusammenfallen lassen. Herausnehmen und mit Salz und Pfeffer würzen.

In einer großen Schüssel den Fenchel mit den Grünen Bohnen, den Äpfeln und dem Brokkoli vermischen, dann das Dressing unterheben.

Den Rucola auf einer Servierplatte anrichten. Mit dem marinierten Gemüse belegen und Schweinebauchstückchen sowie Walnüsse darüber verteilen.

FREGOLA & CHORIZO

PORTIONEN: 4
VORBEREITUNGSZEIT: 30 MINUTEN • GARZEIT: 20 MINUTEN

200 g **Fregola**, gekocht
400 g **Rosenkohl**, im Ofen gegart und halbiert (siehe Seite 190)
½ **Radicchio**, fein geschnitten
2 EL **marinierte rote Zwiebeln** (siehe Seite 218)
1 Dose **Borlotti-Bohnen** (à 400 g), abgegossen
1 EL **Olivenöl**, plus ein wenig extra zum Beträufeln
200 g **Chorizo**, gewürfelt
1 EL **frischer Rosmarin**, fein gehackt
2 **Knoblauchzehen**, zerdrückt
1 EL **Balsamico-Essig**
30 g **Feta**
2 EL **Pinienkerne**, geröstet
2 EL **frische glatte Petersilie** oder **frischer Kerbel**
Salz und **frisch gemahlener schwarzer Pfeffer**

Fregola ähnelt Perl-Couscous, ist jedoch eine Pasta aus Sardinien. Der bittere Radicchio und die würzige Chorizo geben ein schönes Paar ab.

In einer großen Schüssel Fregola, Rosenkohl, Radicchio und Zwiebeln mischen. Die Borlotti-Bohnen waschen, abtropfen lassen und hinzufügen. Mit Salz und Pfeffer würzen.

In einer großen Pfanne das Olivenöl erhitzen und die Chorizo darin leicht braun anbraten. Mit einem Schaumlöffel aus der Pfanne direkt in die Schüssel heben.

Das Fett, bis auf 1 Esslöffel, aus der Pfanne gießen. Rosmarin und Knoblauch dann 1 Minute in der Pfanne anbraten. Mit dem Balsamico ablöschen und 1 Minute köcheln lassen. Vom Herd nehmen und abkühlen lassen, bis alles lauwarm ist. In die Salatschüssel geben und vermischen.

In einer Servierschüssel anrichten. Mit Feta, Pinienkernen und Petersilie bestreuen sowie mit Olivenöl beträufeln.

GEGRILLTES LAMM & ZIEGENKÄSE

PORTIONEN: 4
VORBEREITUNGSZEIT: 20 MINUTEN • GARZEIT: 45 MINUTEN
WF • GF

200 g **kleine Eiertomaten**, halbiert
4 EL **Olivenöl**
1 **Knoblauchzehe**, zerdrückt
2 EL **frischer Oregano**
2 **Steaks von der Lammkeule** (à 200 g; gegrillt wie auf Seite 163)
1 **Aubergine**, in Scheiben geschnitten
1 Prise **Kreuzkümmel**
1 Prise **Koriander**
2 TL **Balsamico-Essig**
50 g **Rucola**
100 g **Ziegenkäse**
2 EL **schwarze Oliven**, grob gehackt
1 EL **frische Minze**, grob gehackt
Salz und **frisch gemahlener schwarzer Pfeffer**

TIPP

Anstelle der Lammsteaks können Sie auch die Reste von einem Lammbraten verwenden. Auch Salsa verde (siehe Seite 163) passt ausgezeichnet zu Lamm.

Ein ideales Familienessen. Ihr Hund wird sich kaum halten können, wenn Sie dieses Knaller-Gericht servieren.

Den Ofen auf 120 °C vorheizen.

Die Tomaten mit der Hautseite nach unten auf einem Backblech auslegen. 3 Esslöffel Olivenöl mit dem zerdrückten Knoblauch mischen. Den Oregano im Mörser zerreiben und das Knoblauch-Olivenöl hinzufügen. Das Öl über den Tomaten verteilen und mit Salz und Pfeffer würzen. Für ca. 45 Minuten in den Ofen schieben, dann die Tomaten vom Blech nehmen und zur Seite stellen. Überschüssiges Öl oder Tomatensaft in eine große Schüssel gießen.

Das Lamm etwas ruhen lassen, dann in sehr feine Scheiben schneiden. Eine Grillpfanne sehr stark erhitzen und die Auberginenscheiben mit dem übrigen Olivenöl bestreichen. Von jeder Seite etwa 1 Minute grillen, bis sie weich sind. Aus der Grillpfanne nehmen und mit Gewürzen und Essig verfeinern.

Die Auberginen mit den Tomaten und dem Rucola vermischen und auf einer Servierplatte anrichten. Das Lamm darauf verteilen und zum Schluss mit Ziegenkäse, Oliven und Minze bestreuen.

PIRI-PIRI-HÜHNCHEN

PORTIONEN: 4

VORBEREITUNGSZEIT: 40 MINUTEN (plus Zeit zum Marinieren) • **GARZEIT: 25 MINUTEN**

WF • GF

2–3 **Hühnerbrüste** oder 4–6 **Hühnerschenkel**
1 kg **Süßkartoffeln**, geschält, in Scheiben und dann in dicke Stifte geschnitten
2 **Knoblauchzehen**, fein gehackt
1 **rote Chilischote**, fein gehackt
4 **Frühlingszwiebeln**, fein gehackt
1 EL **Olivenöl**
Saft von 1 **Limette**
70 g **Baby-Spinat** oder **Baby-Grünkohlblätter**
2 EL **frischer Koriander**, grob gehackt
1 EL **frische Minze**, grob gehackt
½ **gelbe Paprika**, gewürfelt
3–4 EL **Ranch-Dressing** (siehe Seite 216)
LEON-Röstkerne (optional, siehe Seite 215)
Salz und **frisch gemahlener schwarzer Pfeffer**

MARINADE:
1 **Knoblauchzehe**, zerdrückt
1 EL **Zitronensaft**
1 EL **Rotweinessig**
1 EL **Olivenöl**
1 EL **Paprikapulver**
1 Prise **Cayenne-Pfeffer**, nach Belieben

Dafür brauchen Sie weder Piri-Piri-Sauce noch das Gewürz. Diese Version ist kinderleicht, aber so feurig wie ein Freitagabend.

Die Zutaten für die Marinade vermischen und das Hühnchen damit einreiben. Etwa 2 Stunden marinieren, am besten jedoch über Nacht.

Eine Grillpfanne sehr stark erhitzen. Das Hühnchen aus der Marinade nehmen und 5 Minuten grillen, bis es sich fest anfühlt. Wenden und von der anderen Seite weitere 5 Minuten garen. 10 Minuten stehen lassen.

Währen das Hühnchen brutzelt, die Süßkartoffeln 15–20 Minuten dampfgaren. In eine Schüssel geben. Knoblauch, Chili und Frühlingszwiebeln 5 Minuten im Olivenöl anbraten, dann zusammen mit dem Limettensaft unter die gekochten Süßkartoffeln heben. Mit Salz und Pfeffer würzen.

Die Süßkartoffeln mit den Spinat- oder Grünkohlblättern auf einer großen Servierplatte anrichten. Das Hühnchen in Scheiben schneiden und darüber verteilen. Mit den Kräutern und der gelben Paprika bestreuen und mit dem Ranch-Dressing beträufeln.

Nach Belieben mit LEON-Röstkernen garnieren.

GADO GADO

PORTIONEN: 4

VORBEREITUNGSZEIT: 30 MINUTEN • GARZEIT: 30 MINUTEN

MF

200 g **kleine Kartoffeln**, in 0,5 cm dicke Scheiben geschnitten
150 g **fester Tofu**, in 2 cm große Würfel geschnitten
Reiskeimöl (oder ein anderes neutrales Öl), zum Frittieren
200 g **Weißkohl**, gegart
100 g **Bohnensprossen**
2 **Karotten**, in dünne Stifte geschnitten
1 Bund **Frühlingszwiebeln**, längs geschnitten
¼ **Gurke**, in Scheiben geschnitten
4 **gekochte Eier**, halbiert

DRESSING:
2 **Schalotten**, fein gehackt
1 **Knoblauchzehe**, zerdrückt
2 **rote Chilischoten**, fein gehackt
1 EL **Kokosöl**
1 Prise **Cayenne-Pfeffer**
1 EL **brauner Zucker**
1 TL **Tamarindenpaste**
2 TL **Ketjap Manis**
200 ml **Kokosmilch**
100 g **geröstete Erdnüsse**, fein gemahlen
1 TL **Fischsauce**
Saft von ½ **Limette**

Ein weiterer Salat, bei dem so gut wie jede Kombination aus rohen und gegarten Gemüsesorten hervorragend mit dem gebratenen Tofu und dem Erdnuss-Dressing harmoniert. Der Name bedeutet übrigens „Potpourri“.

Für das Dressing die Schalotten, den Knoblauch und die Chilis 5 Minuten im Kokosöl garen, bis sie weich sind. Cayenne-Pfeffer, Zucker, Tamarindenpaste und Ketjap Manis zusammen mit der Kokosmilch hinzufügen und zum Kochen bringen. Die Erdnüsse und 50 ml Wasser dazugeben und weitere 5 Minuten köcheln lassen. Nach Belieben mit Fischsauce und Limettensaft abschmecken. Die Sauce sollte die Konsistenz von dickflüssiger Sahne aufweisen, bei Bedarf einkochen lassen.

Die Kartoffeln und den Tofu mit Küchenkrepp trocken tupfen. Das Öl auf ca. 180 °C erhitzen und die Kartoffeln und den Tofu portionsweise goldbraun und knusprig frittieren. Auf Küchenkrepp abtropfen lassen.

Die Kartoffeln auf einem Servierteller auslegen. Rohes und gegartes Gemüse mit der Hälfte des Dressings mischen und auf den Kartoffeln verteilen. Eier und Tofu darauf anrichten. Das übrige Dressing dazu servieren.

TIPP

Mit frittierten Krupuk (indonesische Krabben-Cracker) garnieren.

HARISSA-GARNELEN MIT BULGUR

PORTIONEN: 4

VORBEREITUNGSZEIT: 20 MINUTEN • GARZEIT: 10 MINUTEN (plus Zeit zum Einweichen)

MF

200 g **Bulgur**
400 g **rohe Garnelen**, geschält
1 EL **Harissa mit Rose**
4 EL **Olivenöl**
Saft von ½ **Zitrone**
200 g **Erbsen**, gekocht
200 g **Zuckerschoten**, in Stücke geschnitten und gekocht
2 EL **frischer Dill**, fein gehackt
2 EL **frische Minze**, fein gehackt
50 g **Brunnenkresse**
50 g **Erbsensprossen**
1 Handvoll **Rucola**
Salz und **frisch gemahlener schwarzer Pfeffer**

Harissa verleiht Fisch, Fleisch und Gemüse eine unvergleichliche Tiefe und Wärme. Es ist eines unserer liebsten Würzmittel.

Den Bulgur mit kochendem Wasser bedecken. Eine gute Prise Salz hinzufügen. Ca. 30 Minuten bei geschlossenem Deckel quellen lassen, dann mit einer Gabel auflockern.

Während der Bulgur gart, die Garnelen mit Harissa einreiben und mit Salz und Pfeffer würzen. In einer großen Bratpfanne 1 Esslöffel Olivenöl erhitzen und die Hälfte der Garnelen bei starker Hitze 1 Minute braten, bis sie leicht gebräunt sind und sich fest anfühlen. Mit einem Schaumlöffel aus der Pfanne heben und mit der zweiten Hälfte ebenso verfahren.

Die Zitrone und das übrige Olivenöl verquirlen und würzen. Die Erbsen und Zuckerschoten unter den Bulgur heben und die Hälfte der Kräuter hinzufügen. Das Dressing darübergießen und alles vermischen.

In einer mit der Brunnenkresse ausgelegten Servierschüssel anrichten. Mit den Garnelen belegen und den übrigen Kräutern, den Erbsensprossen und dem Rucola bestreuen.

INGWER-HONIG-LACHS

PORTIONEN: 4

VORBEREITUNGSZEIT: 30 MINUTEN • GARZEIT: 10 MINUTEN

WF • GF • MF (**WF** und **GF** nur mit Reisnudeln; Soba (Buchweizen) enthalten oft auch echten Weizen)

4 **Lachsfilets** (à ca. 100 g)
1 EL **Sesamöl**
200 g **schwarze Reisnudeln** (oder **Soba**)
50 g **Spinat**, gegart und fein gehackt
50 g **Meerfenchel**, blanchiert
½ **Gurke**, in lange Streifen geschnitten
4 **Frühlingszwiebeln**, fein gehackt
1 EL **Sesamkörner**, geröstet
1 EL **schwarze Sesamkörner**
frische Korianderblätter
Salz und **frisch gemahlener schwarzer Pfeffer**

DRESSING:
1 Stück **Ingwer** (2 cm), fein gerieben
1 **Knoblauchzehe**, zerdrückt
Saft von 1 **Limette**
2 TL **flüssiger Honig**
50 ml **Sonnenblumenöl**
Salz und **Cayenne-Pfeffer**

Äußerst schmackhaft und herrlich interessant. Genug der Worte.

Eine große Grillpfanne erhitzen. Den Lachs mit dem Sesamöl bestreichen und mit Salz und Pfeffer würzen. Von jeder Seite etwa 2 Minuten grillen, bis er fast durch ist (abhängig von der Dicke des Filets). Den Lachs aus der Pfanne nehmen und ruhen lassen.

Für das Dressing alle Zutaten zu einer Emulsion mixen.

Die Nudeln 4–5 Minuten in reichlich gesalzenem Wasser kochen und gut abtropfen lassen. Unter kaltem Wasser abschrecken und in einer großen Schüssel mit Spinat, Meerfenchel, Gurke und Dressing vermischen.

Zum Servieren den Lachs auf den Nudeln anrichten und mit den Frühlingszwiebeln, den Sesamkörnern und den Korianderblättern bestreuen.

TIPP

Knubbeligen Ingwer kann man auch mit einem Teelöffel schälen.

INDONESISCHES GRÜNGEMÜSE

PORTIONEN: 4
VORBEREITUNGSZEIT: 20 MINUTEN • GARZEIT: 10 MINUTEN
WF • GF • MF

100 g **Grünkohl**, Stiele entfernt und klein geschnitten
½ **Chinakohl**, klein geschnitten
150 g **Grüne Bohnen**, geputzt und in 1 cm lange Stücke geschnitten
100 g **Spinat**
100 g **Bohnensprossen**
⅓ **Gurke**, geschält und in 1 cm große Stücke geschnitten
1 TL **Belachan** oder **Garnelenpaste**
1 **Knoblauchzehe**, zerdrückt
2 **Schalotten**, fein gehackt
1 TL **brauner Zucker**
Saft von ½ **Limette**
1 EL **Kokosöl**
2 **Limettenblätter**, klein geschnitten (optional)
70 g **Kokosraspel**
Salz und **Cayenne-Pfeffer**

TIPP

Wenn Sie anstelle der Garnelenpaste Misopaste verwenden, wird daraus ein veganer Salat.

Die für dieses Rezept benutzten Gemüsesorten dienen nur als Beispiel dafür, was Sie alles verwenden können. Karotten, Brokkoli und Blumenkohl eignen sich ebenso gut für das herrlich aromatische Dressing.

Grünkohl, Chinakohl, Bohnen und Spinat einzeln blanchieren (sie haben unterschiedliche Garzeiten). Unter kaltem Wasser abschrecken und überschüssiges Wasser ausdrücken. In einer großen Schüssel mit den Bohnensprossen und der Gurke mischen.

Die nächsten 5 Zutaten zu einer Paste zermahlen – entweder im Mörser oder in einer Küchenmaschine. Das Kokosöl in einem großen Topf erhitzen (groß genug, damit das ganze Gemüse hineinpasst) und die Paste 2 Minuten anbraten, ohne dass sie Farbe annimmt. Die Limettenblätter und die Kokosraspel hinzufügen und gut umrühren. 150 ml Wasser zugießen und 5 Minuten köcheln lassen.

Das Gemüse dazugeben und gut mischen. 1 Minute garen, dann in eine Schüssel umfüllen. Bei Bedarf nachwürzen und den Salat vor dem Genießen auf Zimmertemperatur abkühlen lassen.

DIE REINSTE FREEKEH-SHOW

PORTIONEN: 4

VORBEREITUNGSZEIT: 30 MINUTEN • GARZEIT: 20 MINUTEN

400 g **Rosenkohl**
200 g **Topinambur**, geschält
1 TL **Ahornsirup**
1 EL **Olivenöl**
150 g **Freekeh**, gekocht
2 **rote Äpfel**, entkernt und in Scheiben geschnitten
100 g **Medjoul-Datteln**, in dünne Scheiben geschnitten
70 g **ganze Mandeln**, geröstet und grob gehackt
Salz und **frisch gemahlener schwarzer Pfeffer**

DRESSING:
2 TL **Dattelsirup**
1 EL **Sherry-Essig**
3 EL **Olivenöl**
1 **Schalotte**, fein gehackt
1 TL **grobkörniger Senf**

ZUM SERVIEREN:
30 g **Parmesan**, gehobelt (optional)
frische glatte Petersilie

Wenn Sie sich je wie eine Dame fühlen wollten, die zum Lunch geht, dann ist das genau der richtige Salat für Sie. Anmutig, aber mit Power.

Den Ofen auf 180 °C vorheizen.

Den Rosenkohl vorbereiten. Dafür alle unschönen äußeren Blätter entfernen und den Rest vierteln. Die Topinamburen in 1 cm dicke Stücke schneiden. Mit Rosenkohl, Ahornsirup und Olivenöl mischen. Mit Salz und Pfeffer würzen und im Ofen 20 Minuten rösten, bis alles weich ist. Aus dem Ofen nehmen und abkühlen lassen.

Die Zutaten für das Dressing verquirlen.

Alle Zutaten für den Salat mit dem Dressing mischen und auf einer Servierplatte anrichten. Mit Parmesan und Petersilienblättern bestreuen.

TIPP

Anstelle von Dattelsirup können Sie für das Dressing auch Granatapfelsirup nehmen.

GERÄUCHERTES HÜHNCHEN MIT GETROCKNETEN BIRNEN

PORTIONEN: 4
VORBEREITUNGSZEIT: 30 MINUTEN
MF

½ **rote Paprika**, in Streifen geschnitten
½ **gelbe Paprika**, in Streifen geschnitten
½ **Daikon-Rettich**, geschält und in feine Streifen geschnitten
1 **Karotte**, geschält und in feine Streifen geschnitten
1 kleine **Zucchini**, in feine Streifen geschnitten
2 **geräucherte Hühnerbrüste**, in Streifen geschnitten
½ **getrocknete Birne**, in feine Streifen geschnitten

DRESSING:
1 EL **frischer Estragon**, fein gehackt
1 EL **frische Minze**, fein gehackt
1 **Schalotte**, fein gehackt
1 **Knoblauchzehe**, zerdrückt
1 EL **Zitronensaft**
2 EL **Weißweinessig**
3 EL **Rapsöl**
Salz und **frisch gemahlener schwarzer Pfeffer**

ZUM GARNIEREN:
frische Minzblätter
1 Handvoll **frittierte Pasta** (siehe Seite 214)

Dieses Gericht basiert auf einem Rezept aus einem texanischen Kochbuch, das Jane 1987 von ihrem Vater bekam. Wenn Sie kein geräuchertes Hühnchen auftreiben können, dann nehmen Sie besser nichtgeräuchertes als gar keines.

Das gesamte Gemüse, die Hühnchenstreifen und die Birne miteinander vermischen.

Die Zutaten für das Dressing verquirlen und über den Salat gießen. Gut mischen und auf einem Servierteller anrichten. Mit den Minzblättern bestreuen und mit der frittierten Pasta garnieren.

TIPP
Sie können diesen Salat auch mit Süßkartoffelchips (siehe Seite 214) toppen.

PADSTOW-PICKNICK

PORTIONEN: 4
VORBEREITUNGSZEIT: 20 MINUTEN

150 g **Räuchermakrelenpastete**
150 g **Räucherlachs**
100 g **Dill-Joghurt** (siehe Tipp weiter unten)
1 Handvoll **Kapern**
200 g im Ofen gegarte **Rote Bete** (siehe Seite 144)
150 g **Rucola**
8 Scheiben **Knäckebrot** oder **Pita-Brote**

LEONS COLESLAW:
100 g **Weißkohl**
100 g **Rotkohl**
100 g **Wirsing**
½ EL **frische Minze**
½ EL **frische glatte Petersilie**
100 g **Erbsen**, gekocht
100 ml **Sesam-Coleslaw-Dressing** (siehe Seite 219)

Wenn Sie es nicht bis nach Padstow schaffen, dann nehmen Sie diesen Picknicksnack einfach mit in den Park. Das Rezept ist die Variante eines Gerichtes, das wir manchmal bei LEON servieren. Eine Hommage an den englischen Sommer.

Für den Coleslaw alle Krautsorten fein schneiden und die Kräuter grob hacken. In eine große Schüssel geben, die Erbsen und das Dressing hinzufügen und gut vermischen.

Alle weiteren Zutaten in eigenen Schälchen um den Coleslaw auftischen. Lachs, Joghurt und Kapern zusammen anrichten.

TIPP

Für den Dill-Joghurt einfach gehackten Dill mit griechischem Joghurt mischen. Mit Zitronensaft abschmecken und mit Salz und Pfeffer würzen.

SPARGEL, MAFTOUL & ORANGE

PORTIONEN: 4
VORBEREITUNGSZEIT: 20 MINUTEN • GARZEIT: 5 MINUTEN
MF • V • VE

2 Bund **grüner Spargel**
2 EL **Olivenöl**
2 **Orangen**
1 TL **Balsamico-Essig**
2 EL **marinierte rote Zwiebeln** (siehe Seite 218)
150 g **Maftoul**, gekocht
1 **Fenchelknolle**, gehobelt
10 große **grüne Oliven**, entkernt und grob gehackt
2 EL **frischer Dill**, fein gehackt
4 **Radieschen**, in Scheiben geschnitten
Salz und **frisch gemahlener schwarzer Pfeffer**

Maftoul, palästinensischer Couscous, ist eine tolle Zutat, die man unbedingt mal ausprobieren sollte. Man kann ihn wie Pasta kochen oder wie Couscous in kochend heißem Wasser quellen lassen. Er ist ein bisschen schwieriger aufzutreiben als seine bekannteren Kollegen, aber die Mühe lohnt sich.

Die holzigen Enden des Spargels abschneiden. In etwas Olivenöl wenden und in einer Grillpfanne oder auf einem Kontaktgrill grillen (siehe Seite 201). Mit Salz und Pfeffer würzen, in 3 cm lange Stücke schneiden und zur Seite stellen.

Die Schale der Orangen fein in eine Schüssel reiben. Die Orangen filetieren und das restliche Orangenfleisch in die Schüssel ausdrücken. Das übrige Olivenöl und den Essig mit dem Orangensaft verquirlen. Mit Salz und Pfeffer würzen.

Die roten Zwiebeln mit Maftoul und Fenchel mischen. Auf einer Servierplatte anrichten und mit dem Spargel belegen. Oliven, Dill, Orangenfilets und Radieschen darüber verteilen. Mit dem Orangendressing beträufeln.

ERDBEER-MELONEN-HÜHNCHEN-SALAT MIT HOLUNDERBLÜTEN

PORTIONEN: 4
VORBEREITUNGSZEIT: 30 MINUTEN
WF • GF

2–3 **gekochte Hühnerbrüste**
1 **Cantaloupe-Melone**
1 **Avocado**
150 g **Erdbeeren**
2 **Little-Gem-Salate**
2 TL **rosa Pfefferkörner**, zerdrückt
1 EL **frischer Schnittlauch**, fein gehackt

DRESSING:
1 EL **guter Weißweinessig**
1 TL **Holundersirup**
1 TL **frischer Estragon**, fein gehackt
80 ml (5 EL) **Traubenkernöl**
50 g **Schlagsahne**
Salz und **frisch gemahlener schwarzer Pfeffer**

Dieser Salat ist einer unserer absoluten Lieblinge – das Holunder-Dressing wird Sie umhauen. Auf positive Art und Weise.

Für das Dressing alle Zutaten im Standmixer oder mit einem Stabmixer verquirlen, bis eine Emulsion entstanden ist.

Das Hühnchen sowie Melone und Avocado in Würfel schneiden und in eine Schüssel geben. Die Erdbeeren halbieren und ebenfalls hinzufügen, einige Stücke zum Garnieren zurückbehalten. Mit dem Dressing mischen und würzen.

Den Little-Gem-Salat auf einer großen Servierplatte verteilen und die Hühnchenmischung darauf anrichten. Mit rosa Pfeffer, Schnittlauch und den übrigen Erdbeeren bestreuen.

TIPP

Wenn Sie den Salat vorbereiten wollen, fügen Sie Zitronen- oder Limettensaft hinzu, damit das Obst nicht braun wird.

GEGRILLTES GEMÜSE

PORTIONEN: 4

VORBEREITUNGSZEIT: 20 MINUTEN • GARZEIT: 5 MINUTEN

MF • V • VE

400 g **Brokkoli**, in kleine Röschen geteilt, die Stiele geschält und in Stifte geschnitten
1 EL **Olivenöl**
200 g **Grüne Bohnen**, geputzt
200 g **Stangenbohnen (Feuerbohnen)**, geputzt und in Stücke geschnitten
200 g **Erbsen**
1 **orange Paprika**, in dünne Streifen geschnitten
1 Bund **Frühlingszwiebeln**, fein gehackt
1–2 **rote Chilischoten**, fein gehackt
1 **Knoblauchzehe**, zerdrückt
2 EL **frischer Koriander**, fein gehackt
2 Zweige **frisches Basilikum**, fein gehackt
1 TL **Sojasauce**
Saft von ½ **Limette**
Salz und **frisch gemahlener schwarzer Pfeffer**

Ein Kontaktgrill ist ein großartiges Werkzeug, um Gemüse zu grillen. Er ist sehr effektiv, wenn es darum geht, Brokkoli rasch zu garen – das Ergebnis ist ein wenig angekohlt und höchst aromatisch. Wenn Sie keinen besitzen, können Sie den Brokkoli auch blanchieren und dann in der Grillpfanne fertig braten – das hat den gleichen Effekt. Die Grünen Bohnen und die Stangenbohnen können Sie auch roh auf den Kontaktgrill legen.

Den Brokkoli in Olivenöl wenden und auf dem Kontaktgrill ca. 3 Minuten grillen, bis er weich ist. Die Bohnen und Erbsen blanchieren, bis sie gar sind, und gut abtropfen lassen.

Das grüne Gemüse zusammen mit der Paprika in eine Schüssel füllen. Die übrigen Zutaten mischen und zu dem noch warmen Gemüse geben. Gut vermischen und mit Salz und Pfeffer abschmecken, nach Belieben mit Chili oder Limettensaft nachwürzen.

TIPP

Für eine glatte Knoblauchpaste 1 Knoblauchzehe fein hacken, dann mit reichlich Salz bedecken und mit der flachen Seite eines Messers zerdrücken.

WÜRSTCHEN-DITALINI

PORTIONEN: 4
VORBEREITUNGSZEIT: 20 MINUTEN • GARZEIT: 20 MINUTEN

300 g **Würstchen**, gekocht
200 g **Ditalini**, gekocht
4 Stangen **Lauch**
1 EL **Olivenöl**
3–4 EL **LEON-Honig-Senf-Dressing** (siehe Seite 218)
½ **Blumenkohl**, in Röschen zerteilt und im Ofen gegart (siehe Seite 96)
1 **Apfel**, entkernt und in dünne Stifte geschnitten
Salz und **frisch gemahlener schwarzer Pfeffer**

ZUM GARNIEREN:
20 **frische Salbeiblätter**, in Butter knusprig gebraten
frische glatte Petersilie

Ditalini verdanken ihren Namen der Tatsache, dass sie klein und süß sind und dass man einen Finger durchstecken kann. Dieses Gericht heißt übersetzt in etwa: Fingerhut für Würstchen. Wir raten trotzdem zu einer Gabel.

Die Würstchen schräg in ca. 1 cm lange Stücke schneiden. Zusammen mit der gekochten Pasta in eine Schüssel geben.

Den Lauch längs halbieren und 2 Minuten in kochendem Salzwasser blanchieren, bis er fast durch ist. Gut abtropfen lassen und im Olivenöl wenden. Eine Grillpfanne erhitzen und den Lauch von jeder Seite 1 Minute grillen, bis er leicht angekohlt ist. Schräg in 1–2 cm lange Stücke schneiden und in die Schüssel mit der Pasta geben.

Das Dressing zubereiten und mit der Würstchen-Lauch-Pasta vermischen. Mit Salz und Pfeffer würzen. Zusammen mit dem Blumenkohl, dem Apfel und den Salbeiblättern auf einer Servierplatte anrichten. Mit Petersilie bestreuen.

TIPP

Anstelle der Würstchen können Sie auch Speck oder andere Schweinefleischprodukte verwenden. Lassen Sie das alles weg, haben Sie ein köstliches vegetarisches Gericht.

BOHNEN & SPECK

PORTIONEN: 4

VORBEREITUNGSZEIT: 30 MINUTEN • GARZEIT: 10 MINUTEN

WF • GF

8 Scheiben **durchwachsener Speck**
1 EL **Olivenöl**
2 EL **Rotweinessig**
1 TL **grobkörniger Senf**
1 EL **frischer Schnittlauch**, fein gehackt, plus ein wenig extra zum Garnieren
2 EL **Olivenöl**
1 TL **Ahornsirup**
200 g **Grüne Bohnen**, geputzt
200 g **Zuckerschoten**, geputzt und längs halbiert
250 g **Cannellini-Bohnen**, gekocht
1 **Romana-Salat**
2 EL **Parmesan**, gerieben
Salz

DRESSING:
2 EL **Mayonnaise**
2 EL **Saure Sahne**
1 EL **Zitronensaft**
2 TL **frischer Estragon**, fein gehackt
1 TL **Dijonsenf**
Salz und **frisch gemahlener schwarzer Pfeffer**

Dieser Salat kombiniert knackigen Romana-Salat mit einem cremigen Dijon-Dressing und einem recht gegensätzlichen Bohnensalat. Der Speck macht alles noch besser (besonders, wenn Sie ihn nitratfrei kaufen).

Alle Zutaten für das cremige Dressing verquirlen.

Den Speck in 2 cm große Stücke schneiden. In einer Pfanne im Olivenöl braten, bis er leicht braun und knusprig ist. Mit einem Schaumlöffel aus der Pfanne heben und auf Küchenkrepp abtropfen lassen.

1 Esslöffel des Speckfetts in eine Schüssel geben und die nächsten 5 Zutaten hinzufügen. Gut verrühren.

Die Bohnen und die Zuckerschoten in kochendem Salzwasser blanchieren, bis sie weich sind. Abgießen und zusammen mit den Cannellini-Bohnen noch heiß im Speckfett-Dressing wenden.

Den Romana-Salat vierteln. Auf einer Servierplatte anrichten und mit dem cremigen Dressing beträufeln. Mit Parmesan und Extra-Schnittlauch bestreuen. Die marinierten Bohnen danebensetzen und den Speck darüberstreuen.

GOURMET-PAELLA-SALAT

PORTIONEN: 4

VORBEREITUNGSZEIT: 30 MINUTEN (plus Zeit zum Einweichen) • **GARZEIT: 20 MINUTEN**

WF • GF • MF (**MF** nur, wenn die Chorizo keine Milchprodukte enthält)

1 Prise **Safran**
250 g **Langkornreis**
1 EL **Olivenöl**
1 **Zwiebel**, fein gehackt
1 TL **geräuchertes Paprikapulver**
350 ml **glutenfreie Hühnerbrühe**
100 g **Chorizo**, in dünne Scheiben oder Stückchen geschnitten
100 g **Artischockenherzen**, klein geschnitten
200 g **gekochte Garnelen**
150 g **Erbsen**, gekocht
150 **Grüne Bohnen**, gekocht
100 g **Piquillo-Paprika**, in Streifen geschnitten
1 **Orange**, in dünne Spalten geschnitten
2 EL **frische glatte Petersilie**, fein gehackt
frische glatte Petersilie, zum Garnieren
Salz und **frisch gemahlener schwarzer Pfeffer**

DRESSING:

1 TL **edelsüßes Paprikapulver**
abgeriebene Schale von 1 **Orange**
1 **Knoblauchzehe**, zerdrückt
1 EL **Rotweinessig**
3 EL **Olivenöl**

Der Geschmack Spaniens an Ihrem Esstisch. Dies ist eines der längsten Rezepte in diesem kleinen Buch, aber sobald der Reis gar ist, geht es im Wesentlichen ums Zusammenmischen. Die Mühe lohnt sich auf jeden Fall. Die Zutaten sind nur Vorschläge – gekochte Tintenfischringe, Muscheln, Fisch oder Kichererbsen oder unterschiedliche Gemüsesorten passen ebenso gut.

Den Safran in 50 ml sehr heißem Wasser einweichen. Den Reis mit kaltem Wasser abspülen, dann bei geschlossenem Deckel 30 Minuten mit Wasser bedeckt ziehen lassen. Abgießen.

In einem großen Topf das Olivenöl erhitzen und die Zwiebel darin 5 Minuten anschwitzen. Den abgetropften Reis zusammen mit dem geräucherten Paprikapulver hinzufügen und 1 Minute dünsten. Mit Salz und Pfeffer würzen und den Reis mit Öl vermischen. Den eingeweichten Safran und die Hühnerbrühe dazugeben und zum Köcheln bringen. Deckel auflegen und 15 Minuten garen. 5 Minuten ruhen lassen, dann mit einer Gabel auflockern. Aus dem Topf nehmen und abkühlen lassen.

Während der Reis kocht, die Zutaten für das Dressing verquirlen und mit Salz und Pfeffer würzen. Alle übrigen Zutaten für die Paella vorbereiten.

Die Zutaten auf einer großen Servierplatte schichten, dabei mit Salz und Pfeffer würzen. Mit dem Reis beginnen, dann die übrigen Zutaten darauf verteilen. Mit Orangenspalten und Petersilie garnieren und mit dem Dressing beträufeln.

TIPP

Auch mit schwarzem Reis ist das Gericht fabelhaft.

SPARGEL, PROSCIUTTO & EI

PORTIONEN: 4

VORBEREITUNGSZEIT: 20 MINUTEN • GARZEIT: 15 MINUTEN

WF • GF • MF

300 g **grüner Spargel**, geputzt
3 EL **Olivenöl**
Blätter von 1 Zweig **Thymian**
8 Scheiben **Prosciutto**
3 **Little-Gem-Salate**
2 TL **Balsamico-Essig**
3 **gekochte Eier**
30 g **Parmesanchips** (siehe Seite 215)
2 EL **frischer Schnittlauch**, fein gehackt
Salz und **frisch gemahlener schwarzer Pfeffer**

Hart gekochtes Ei und Parmesanchips sind hier die Offenbarung.

Den Ofen auf 200 °C vorheizen.

Den Spargel in 1 Esslöffel Olivenöl wenden. Mit Salz und Pfeffer würzen und auf einem Backblech auslegen. Mit Thymianblättchen bestreuen und im Ofen 5–8 Minuten garen, bis der Spargel gerade durch ist. Aus dem Ofen nehmen und abkühlen lassen.

Die Prosciuttoscheiben auf Backpapier legen und ebenfalls für 5 Minuten in den Ofen schieben. Sie sollten schrumpfen und knusprig werden.

Den Little-Gem-Salat in Spalten schneiden. Den Balsamico und das übrige Olivenöl in einer großen Schüssel mischen und mit Salz und Pfeffer würzen. Eine Grillpfanne erhitzen und die Salatspalten grillen, bis sie zusammenfallen und ein wenig verkohlt sind. Noch heiß mit dem Dressing mischen.

Den Salat auf einer großen Servierplatte anrichten. Mit dem Spargel belegen und den Prosciutto darüberkrümeln. Das Ei über den Salat reiben und mit den Parmesanchips und dem Schnittlauch garnieren.

KOSAMBARI

PORTIONEN: 4

VORBEREITUNGSZEIT: 15 MINUTEN (plus Zeit zum Einweichen) • **GARZEIT: 5 MINUTEN**

WF • GF • MF • V • VE

4 EL **Mungbohnen**, über Nacht in reichlich Wasser eingeweicht
3 **Karotten**, gerieben
1 **Gurke**, geschält, entkernt und gewürfelt
1 **grüne Mango**, gerieben
1 EL **Kokosöl**
2 TL **Senfkörner**
1 Prise **Asafoetida**
10 **Curryblätter**
1 TL **Kreuzkümmel**
Saft von ½ **Zitrone**
2 **grüne Chilischoten**, fein gehackt
frische Korianderblätter
Salz und **frisch gemahlener schwarzer Pfeffer**

Dieser südindische Salat mit Mungbohnen wird bei Festessen serviert. Er ist dermaßen wohltuend, dass er einer Umarmung von Oma gleichkommt.

Die Mungbohnen in einem Sieb gut abtropfen lassen und das Gemüse sowie die Mango vorbereiten.

Das Kokosöl in einem großen Topf erhitzen und Senfkörner, Asafoetida, Curryblätter und Kreuzkümmel dazugeben. Unter Rühren anschwitzen, bis die Senfkörner anfangen aufzuplatzen. Die abgetropften Mungbohnen hinzufügen und 3 Minuten unter ständigem Rühren anbraten. In eine große Schüssel geben und abkühlen lassen.

Das geriebene und gehackte Gemüse ebenfalls in die Schüssel geben. Die übrigen Zutaten unterrühren und mit Salz und Pfeffer würzen.

TIPP

Lassen Sie sich vom Geruch von Asafoetida nicht abschrecken. Er ist sehr stark, aber er verleiht dem Gericht Leben. Auch geriebene Kokosnuss passt hierzu.

SPECK, GRÜNKOHL & TOMATEN

PORTIONEN: 4
VORBEREITUNGSZEIT: 20 MINUTEN • GARZEIT: 45 MINUTEN

250 g **Kirschtomaten**, halbiert
3 EL **Olivenöl**
1 **Knoblauchzehe**, zerdrückt
2 EL **frischer Oregano**
200 g **Grünkohl**, Stiele entfernt und klein geschnitten
200 g **durchwachsener Räucherspeck**, gebraten und in Stückchen geschnitten
1 **Avocado**, gewürfelt
150 g **Croûtons** (siehe Seite 214)
3 EL **Ranch-Dressing** (siehe Seite 216)
1 EL **frischer Schnittlauch**, fein gehackt
Salz und **frisch gemahlener schwarzer Pfeffer**

TIPP

Anstelle von frischem Oregano können Sie auch die halbe Menge getrockneten Oregano verwenden.

Janes Version eines klassischen BLT-Sandwiches (= Bacon–Lettuce–Tomato).

Den Ofen auf 120 °C vorheizen.

Die Tomaten mit der Hautseite nach unten auf einem Backblech auslegen. Das Olivenöl mit dem zerdrückten Knoblauch mischen. Den im Mörser zerriebenen Oregano ebenfalls zum Öl geben. Das Knoblauch-Oregano-Öl über die Tomaten träufeln und mit Salz und Pfeffer würzen. Ca. 45 Minuten im Ofen backen, dann die Tomaten vom Backblech nehmen und zur Seite stellen. Übriges Öl oder Tomatensaft in eine große Schüssel gießen.

Den klein geschnittenen Grünkohl in die Schüssel zum Tomaten-Öl geben und alles miteinander vermischen. Mit Salz und Pfeffer würzen, dann Speck, Avocado, Croûtons und geröstete Tomaten hinzufügen.

Auf einer Servierplatte anrichten, mit dem Ranch-Dressing beträufeln und mit dem Schnittlauch bestreuen.

KNUSPER-TOPPINGS

Großartige kleine Extras, die jedem schlichten Salat ein wenig mehr Textur, Substanz und Leben verleihen.

BROT-CROÛTONS

MF • V • VE

Kleine Stückchen von Sauerteigbrot oder anderem festen Brot in etwas Olivenöl wenden und ca. 15 Minuten im vorgeheizten Ofen bei 180 °C backen, bis sie goldbraun sind. Auch Knoblauch-Öl ergibt ein tolles Ergebnis. Wenn Sie vor dem Rösten ganze Knoblauchzehen zu dem Brot geben, erhalten Sie herrlich weichen Knoblauch, den Sie in einem Dressing zerdrücken können.

IKAN BILIS

WF • GF • MF

Das sind kleine getrocknete Sardellen, die in Teilen Asiens verwendet werden. Sie können Sie in der trockenen Pfanne oder in ein wenig Öl knusprig braten. Sie sind ein tolles Topping für asiatische Salate und harmonieren gut mit gerösteten Erdnüssen.

GERÖSTETE NÜSSE

WF • GF • MF • V • VE

Nüsse, die Sie in Salaten verwenden möchten, sollten stets geröstet werden. 5 Minuten im vorgeheizten Ofen bei 180 °C intensivieren das Aroma, vor allem wenn sie mit Salz und Gewürzen bestreut werden.

PANGRATTATA

MF • V • VE

Im Grunde genommen sind das frittierte Brösel. Das beste Ergebnis erzielen Sie, wenn Sie sie in Kräuter- und/oder Knoblauch-Olivenöl braten. Dazu altbackenes Brot ohne Kruste in der Küchenmaschine zu Bröseln zerkleinern. Einige Knoblauchzehen und Thymianzweige in Olivenöl braten, bis der Knoblauch goldbraun ist, dann mit einem Schaumlöffel herausheben und die Brösel im Öl knusprig und goldbraun frittieren. Gut abtropfen lassen und mit Salz und Pfeffer würzen. Das übrige Öl kann zum Kochen verwendet werden.

POLENTA-CROÛTONS

MF • V • VE

Gekochte (oder fertige) Polenta in 1–2 cm große Würfel schneiden, in etwas Olivenöl wenden und auf einem mit Backpapier ausgelegten Blech 20–30 Minuten im vorgeheizten Ofen bei 200 °C backen, bis sie goldbraun und knusprig sind. Die Würfel können auch in etwas Öl in der Pfanne gebraten werden, dafür aber vor dem Braten mit ein wenig Mehl bestäuben.

FRITTIERTE PASTA

MF • V

Eine tolle Verwertungsmöglichkeit für Nudelreste oder Pasta aus frischen Eiern, vor allem aufgrund der vielen Formen und Größen. Die Pasta in Raps- oder Sonnenblumenöl braten oder frittieren, bis sie goldbraun und knusprig ist, dann auf Küchenpapier abtropfen lassen.

SÜSSKARTOFFELCHIPS

WF • GF • MF • V • VE

1 **Süßkartoffel**, geschält
2 EL **Olivenöl**
Salz und **frisch gemahlener schwarzer Pfeffer**

1. Den Ofen auf 180 °C vorheizen.
2. Die Süßkartoffel mit dem Sparschäler oder Spiralschneider in lange Streifen schneiden. Im Olivenöl wenden und mit Salz und Pfeffer würzen.
3. Die Süßkartoffelstreifen auf ein Backblech legen und im Ofen 20 Minuten backen, dabei gelegentlich wenden, damit sie gleichmäßig braun und knusprig werden.
4. Auf Küchenkrepp abtropfen lassen und würzen.

LEON-RÖSTKERNE

WF • GF • MF • V • VE

50 % **Sonnenblumenkerne**
25 % **Goldleinsamen**
25 % **Sesamkörner**

1. Jede Sorte jeweils 2–3 Minuten bei mittlerer Hitze in einer trockenen Pfanne rösten, bis sie goldbraun ist.
2. Zusammenmischen für ein tolles Topping.

GERÖSTETE KICHERERBSEN

WF • GF • MF • V • VE

2 Dosen **Kichererbsen** (à 400 g) oder 500 g Kichererbsen, eingeweicht und gekocht
1 Prise **Cayenne-Pfeffer**
1 Prise **Kreuzkümmel**
2 EL **Olivenöl**
Salz und **frisch gemahlener schwarzer Pfeffer**

1. Den Ofen auf 200 °C vorheizen.
2. Die Kichererbsen abgießen und unter kaltem Wasser waschen. Mit einem Tuch oder mit Küchenkrepp trocken tupfen.
3. Die Kichererbsen in eine Schüssel geben und mit Gewürzen und Olivenöl vermischen. Auf einem mit Backpapier ausgelegten Blech verteilen und ca. 30 Minuten im Ofen rösten, das Blech dabei alle 10 Minuten rütteln, damit sie gleichmäßig garen.
4. Den Ofen ausschalten und noch 10 Minuten ruhen lassen.

PARMESANCHIPS

WF • GF

25 g **Parmesan**, grob gerieben
25 g **Parmesan**, fein gerieben

1. Den Ofen auf 200 °C vorheizen.
2. Ein ofenfestes Blech mit Backpapier auslegen. Parmesan vermischen und in 2–3 cm hohen Häufchen mit 4–5 cm Abstand auf das Blech setzen. 5–6 Minuten backen.
3. Mit einem Palettenmesser vom Blech heben und auf einem Gitter abkühlen lassen. Wenn die Chips auseinanderfallen, einfach die Krümel verwenden.

GEBACKENE HALLOUMIWÜRFEL

WF • GF • V

250 g **Halloumi**
2 EL **Olivenöl**
reichlich **frisch gemahlener schwarzer Pfeffer**
1 Prise **Salz**

1. Den Ofen auf 220 °C vorheizen.
2. Den Käse in kleine (0,5 cm) Stückchen schneiden oder würfeln und dann zerkrümeln. Im Olivenöl wenden, dann auf einem mit Backpapier ausgelegten Blech verteilen und würzen.
3. Im Ofen 6–8 Minuten goldbraun backen.
4. Abkühlen lassen.

DRESSINGS

Alle Dressings können entweder verquirlt oder in einem Marmeladenglas geschüttelt werden, es sei denn es ist im Rezept anders angegeben.

UNSERE FRANZÖSISCHE VINAIGRETTE

WF • GF • MF • V • VE

1 **Schalotte**, fein gehackt
1 TL **Dijon-Senf**
1 EL **Weißweinessig**
½ **Knoblauchzehe**, zerdrückt
2 TL **Wasser**
3 EL **Olivenöl**
1 TL **Ahornsirup**

KRÄUTER-DRESSING

WF • GF • MF • V • VE

1 **Knoblauchzehe**, zerdrückt
1 EL **Weißweinessig**
1 TL **Ahornsirup**
3 EL **Olivenöl**
2 EL **frische gemischte Kräuter** (**Estragon**, **Schnittlauch**, **Kerbel**, **Basilikum**), fein gehackt

ORIENTALISCHES DRESSING

WF • GF • MF • V • VE

3 EL **Olivenöl**
1 EL **Granatapfelsirup**
1 EL **Zitronensaft**
1 Prise **Sumach**
1 EL **frischer Dill** und **frische Minze**, gemischt, fein gehackt

LEON-TAMARI-SESAM-DRESSING

MF • **V** (**WF** und **GF** wenn Sie glutenfreies Tamari nehmen)

3 EL **Sonnenblumenöl**
1 EL **Reisessig**
1 TL **Zitronensaft**
1 TL **Honig**
1 EL **Tamari** (oder **Sojasauce**)
1 Spritzer **Sesamöl**
½ **Knoblauchzehe**, zerdrückt
3 EL **Olivenöl**

RANCH-DRESSING

WF • GF • V

1 EL **Mayonnaise**
1 EL **Buttermilch**
1 ½ EL **Saure Sahne** oder **Naturjoghurt**
1 EL **Apfelessig**
1 TL **Ahornsirup**
1 EL **Olivenöl**
1 EL **frischer Schnittlauch**, **Dill** und **frische Petersilie**, gemischt, fein gehackt
½ **Knoblauchzehe**, zerdrückt
1 Prise **geräuchertes Paprikapulver** (optional)
1 Prise **trockenes Senfpulver** (optional)
Tabasco, nach Belieben (optional)

WASABI-SOJA-DRESSING

MF • V • VE

2 TL **Wasabipaste**
1 EL **Sojasauce**
2 EL **Reisessig**
1 EL **leichtes Olivenöl**
2 TL **brauner Zucker**

BASILIKUM-DRESSING

WF • GF • MF • V • VE

½ **Knoblauchzehe**, zerdrückt
1 kleines Bund **frisches Basilikum**
2 EL **Olivenöl**
Salz und **frisch gemahlener schwarzer Pfeffer**

In einer Küchenmaschine zerkleinern oder im Mörser zerreiben.

KORIANDER-CHILI-LIMETTEN-DRESSING

WF • GF • MF • V • VE

3 EL **Olivenöl**
Saft von ½ **Limette**
1 **rote Chilischote**, fein gehackt
1 **Knoblauchzehe**, zerdrückt
2 EL **frischer Koriander**, fein gehackt

LEON
CLUB

DRESSINGS

LEON-HONIG-SENF-DRESSING

WF • GF • MF • V

5 EL **Olivenöl**
2 EL **Apfelessig**
2 TL **Honig**
2 TL **körniger Senf**
1 TL **Dijon-Senf**

MARINIERTE ROTE ZWIEBELN

WF • GF • MF • V • VE

2 **rote Zwiebeln**, in feine Ringe geschnitten oder gehackt
2 TL **brauner Zucker**
1 EL guter **Rotwein-** oder **Balsamico-Essig**
1 gute Prise **Salz**

1. Die Zwiebeln mit Zucker, Essig und Salz vermischen.
2. Abdecken und bei Zimmertemperatur zwischen 20 Minuten und einigen Stunden stehen lassen.

CHILI-KNOBLAUCH-DRESSING

WF • GF • MF • V • VE

2 **Knoblauchzehen**, zerdrückt
2 **rote Chilischoten**, fein gehackt
2 EL **frische Petersilie**, fein gehackt
Saft von ½ **Zitrone**
3 EL **Olivenöl**
Salz und **frisch gemahlener schwarzer Pfeffer**

BLAUSCHIMMELKÄSE-DRESSING

WF • GF • V

100 g **Blauschimmelkäse**, zerkrümelt
50 ml **Saure Sahne**
50 ml **Buttermilch**
1 EL **Rotweinessig**
½ **Knoblauchzehe**, zerdrückt
1 TL **Ahornsirup**

1. Den Blauschimmelkäse mit der Sauren Sahne und der Buttermilch verquirlen. Die übrigen Zutaten hinzufügen und nach Belieben würzen.
2. Mit Wasser auf die gewünschte Konsistenz verdünnen. Als Dressing oder Dip verwenden.

MAYONNAISE

WF • GF • MF • V

1 **Ei**
1 TL **Dijon-Senf**
100 ml **Rapsöl**
100 ml **Olivenöl**
Zitronensaft, nach Belieben

1. Das Ei 2 Minuten in kochendes Wasser legen.
2. Sofort in eine Küchenmaschine schlagen und das gesamte Eiweiß aus der Schale kratzen. Zusammen mit dem Senf mixen und beide Ölsorten langsam einfließen lassen, bis eine dicke Emulsion entsteht.
3. Nach Belieben mit Zitronensaft verfeinern.

KNOBLAUCH-MAYONNAISE:
Eine **Knoblauchzehe** mit etwas **Salz** zu einer glatten Paste zerdrücken und mit 3 EL der **Mayonnaise** verrühren.

SENF-MAYONNAISE:
Je 1 TL **englischer Senf**, **Dijon-Senf** und **grobkörniger Senf** mit 3 EL **Mayonnaise** vermischen.

CHERMOULA

WF • GF • MF • V • VE

2 TL **Kreuzkümmelsaat**
1 TL **Koriandersaat**
1 TL **Fenchelsaat**
Saft von ½ **Zitrone**
1 EL **Rotweinessig**
1 **Knoblauchzehe**, zerdrückt
1 Prise **Zimt**
2 TL **geräuchertes Paprikapulver**
1 **Schalotte**, fein gehackt
1 TL **brauner Zucker**
1–2 **rote Chilischoten**, fein gehackt
3 EL **Olivenöl**
Salz und **frisch gemahlener schwarzer Pfeffer**

1. Kreuzkümmel-, Koriander- und Fenchelsaat in einer trockenen Pfanne rösten, bis sie duften, dann zu einem Pulver vermahlen.
2. Mit den übrigen Zutaten vermischen. Kann als Marinade oder Dressing verwendet werden.

ITALIENISCHES DRESSING

WF • GF • MF • V • VE

1 EL **Balsamico**- oder **Rotweinessig**, oder der Saft von ½ **Zitrone**
3 EL **Olivenöl**

SESAM-COLESLAW-DRESSING

WF • GF • MF • V • VE

125 ml **Sonnenblumenöl**
3 ½ EL **Sojamilch**
2 EL **Limettensaft**
1 TL **Dijon-Senf**
½ TL **Tahini**
2 EL **Weißweinessig**
1 ½ EL **Wasser**
Salz und **frisch gemahlener schwarzer Pfeffer**

1. Sojamilch, Limettensaft, Dijon-Senf und Tahini in einer Schüssel verrühren.
2. Das Öl langsam einrühren, bis eine Emulsion entsteht. Dann das Wasser untermischen und mit Salz und Pfeffer würzen.

WALNUSS-DRESSING

WF • GF • MF • V

1 **Knoblauchzehe**, zerdrückt
1 TL **Dijon-Senf**
1 TL **flüssiger Honig**
2 EL **Apfelessig**
50 ml **Sonnenblumen-** oder **Rapsöl**
1 EL **Walnussöl**
2 EL **Walnusshälften**, zerstoßen und geröstet

CAESAR-DRESSING

WF • GF

1 **Ei**
1 **Knoblauchzehe**, zerdrückt
2 TL **Dijon-Senf**
5 **Sardellenfilets**
1 Spritzer **Worcestershiresauce**
1 Spritzer **Tabasco**
100 ml **Rapsöl**
100 ml **Olivenöl**
1 EL **Weißweinessig**
2 EL **Parmesan**, fein gerieben
Zitronensaft, nach Belieben
Salz und **frisch gemahlener schwarzer Pfeffer**

1. Das Ei 2 Minuten in kochendes Wasser legen.
2. Sofort in eine Küchenmaschine schlagen und Knoblauch, Senf, Sardellen und die Saucen hinzufügen. 30 Sekunden mixen, dann beide Ölsorten langsam zugießen, bis eine Emulsion entsteht.
3. Essig, Parmesan und Zitronensaft nach Belieben hinzufügen. Mit Salz und Pfeffer würzen.

REGISTER

ÜBER DIE AUTOREN

JANE BAXTER
hat gemeinsam mit Henry Dimbleby *LEON Fast Food. Vegetarisch* und mit John Vincent *LEON. Fast & Free* verfasst. Außerdem schreibt sie eine Kolumne für die Beilage *Guardian's Cook* und ist Co-Autorin von *The Riverford Farm Cook Book*, das von der Guild of Food Writers als bestes Buch ausgezeichnet wurde. Jane arbeitete im Carved Angel in Dartmouth sowie im Londoner River Cafe, bevor sie Chefköchin im Field Kitchen wurde, dem Restaurant für Riverfood Organic Vegetables. Heute organisiert sie Caterings, berät rund um das Thema Ernährung und veranstaltet Foodevents an außergewöhnlichen Orten.

JOHN VINCENT
ist Mitgründer von LEON und schrieb gemeinsam mit Henry Dimbleby den Bestseller *LEON. Natürlich Fast Food*, mit Kay Plunkett-Hogge *LEON. Familie & Freunde* und mit Jane Baxter *LEON. Fast & Free*. Mit Dimbleby verfasste er außerdem den „School Food Plan" der britischen Regierung, durch den praktische Koch- und Ernährungslehre erstmals in den Lehrplan aufgenommen wurde und Kindern ein kostenloses Mittagessen in der Schule ermöglicht wird. John mag Essen – und Jane.

DIE ARBEIT AN DIESEM BUCH WAR EIN WAHRES GLÜCK

Das LEON-Team dieses Buches setzt sich aus vielen tollen jungen Leuten zusammen, die mit uns einen großartigen neuen inspirierenden Band geschaffen haben. Ganz im Zeichen von LEON hatten sie große Ideen und kleine Ideen, und sie haben Unglaubliches geleistet.

Vielen Dank an Jo Ormiston für das Weiterführen einer Vision, die Auswahl der Requisiten und das Design dieses schönen Buches. Saskia Sidey für ihr brillantes und umsichtiges Strippenziehen im Hintergrund (und den diplomatischen Baxter-Schubs in die richtige Richtung). Saskia und Jo haben mehrfach unter Beweis gestellt, warum wir so ein großes Vertrauen in ihr Können und in ihre Zusammenarbeit legen.

Danke an Rachael Gough für nächtliche Textbearbeitungen und Ergänzungen, für die stete Hilfe und den großartigen Humor. Tom Davies für die Unterstützung als Souschef und das bereitwillige Schleppen all der schweren Requisiten.

Wir sind tief beeindruckt von der Arbeit Tamin Jones', dem es gelang, die Salate so abzulichten, dass sie mehr als tausend Worte sprechen. Die Zusammenarbeit mit ihm war ein Fest. Unterstützt wurde er dabei von Stephanie Howard. Mit ihrer immer guten Laune und einem Blick für die Kleinigkeiten gewährleistete sie einen reibungslosen Ablauf.

Victoria Spicer und Liberty Greene Fennell für ihre Hilfe beim Schnippeln und Aufhübschen.

Angela Dowden für ihre superschnelle und gründliche Ernährungsanalyse.

Adam und Sophie Blaker, deren Haus wir mit all unseren Resten in Beschlag nehmen durften, und Nat, der das beste Lagerfeuer machen kann.

Katie, Eleanor und Natasha für ihre Gastfreundschaft.

Marianne Sidey, die uns ihre Küche überlassen hat, und John Lewis, der uns ein paar Werkzeuge an die Hand gab, um das ganze Schnippeln zu erleichtern.

Jonathan Christie und Alison Starling von Octopus für die Organisation und dass sie dieses Buch Wirklichkeit werden ließen.

Pauline Bache für die sorgfältige Bearbeitung des Manuskripts, das Losradeln, um Geschirrhandtücher zu besorgen, und dass sie immer eine Avocado übrig hat.

Und natürlich vielen Dank an alle, die Tag für Tag bei LEON arbeiten, um es jedem zu ermöglichen, gut zu essen. Es ist ein großes Geschenk, mit euch arbeiten zu dürfen.

Die englische Originalausgabe erschien 2016
unter dem Titel *LEON. Happy Salads* bei
Conran Octopus Limited, ein Unternehmen der
Octopus Publishing Group Ltd
Carmelite House
50 Victoria Embankment
London EC4Y 0DZ.

Fotografien: Tamin Jones
Herausgeber: Alison Starling
Redaktionsleitung: Pauline Bache
Artdirector, Styling und Design (für LEON): Jo Ormiston
Creative Director: Jonathan Christie
Lektorat und Brand Manager (für LEON): Saskia Sidey
Produktionsleitung: Katherine Hockley

Erste Auflage 2018

Verlagskoordination: Vera Maas
Übersetzung: Alexandra Titze-Grabec
Lektorat: Susanne Philippi
Satz: Hilde Knauer

Printed in China
ISBN 978-3-8321-9941-8

www.dumont-buchverlag.de

LEON

WELL
BEING
2014

JUSTIN